よみがえる天才4

アレクサンドロス大王

澤田典子 Sawada Noriko

★——ちくまプリマー新書

362

目次 ＊ Contents

はじめに――ヴェルギナのアレクサンドロス……9

第1章　アレクサンドロスに迫る……13
「マケドニア王」としてのアレクサンドロス／ローマのアレクサンドロス伝／「失われた歴史家たち」／二極分化したアレクサンドロス像／「ローマの創造物」／「アレクサンドロス・モザイク」

第2章　東地中海世界とマケドニア……33
アカイメネス朝の興隆／ペルシア戦争／ギリシア世界を操るペルシア／前四世紀前半のギリシア世界／マケドニアの登場／ギリシア世界への参入／前四世紀前半のマケドニア／フィリポス二世による国家改造／マケドニアの軍隊／コラム1　サリッサは「超強力兵器」か?／マケドニアの社会／ペルシアの影響／ギリシア制覇への道のり／なぜギリシアを征服できたのか

第3章　アレクサンドロスの登場……69
「英雄」の誕生／母オリュンピアス／「もう一人の父」アリストテレス／父を模倣する／「お家騒動」／フィリポス二世の暗殺／アレクサンドロスの即位／コラム2　ヴェルギナの王墓／バルカンの平定

第4章　ペルシア帝国の打倒……97
東方遠征論の系譜／遠征の始まり／グラニコス河畔の戦い／小アジアの都市の「解放」／イッソスの戦い／フェニキアの占領／アレクサンドリアの建設／「神の子」／ダレイオス三世との最終決戦へ／アカイメネス朝の滅亡／ペルセポリス宮殿の炎上／ダレイオス三世の死

第5章　果てしない征服……133
東方協調路線の展開／フィロタス事件／中央アジアでの苦戦／クレイトス刺殺事件／跪拝礼の導入／カリステネスの死／「暴君」アレクサンドロス／インド

への侵攻／ヒュファシス河畔の「騒擾」／東方遠征の完了／オピスの和解／最期の日々／なぜペルシアを征服できたのか／東方協調路線の意義／アレクサンドロスの原動力／アレクサンドロスは神になろうとしたのか／アレクサンドロスのしたこととは何だったのか

第6章　シンボルとしてのアレクサンドロス……175
神話化の始まり／「アレクサンドロス帝国」の瓦解／ローマのアレクサンドロス／プルタルコスのアレクサンドロス像／「アレクサンドロス・ロマンス」／イスラーム世界のアレクサンドロス／ヨーロッパのアレクサンドロス／アレクサンドロスに憧れる人々／ギリシアのアレクサンドロス／コラム3　マケドニア問題――「アレクサンドロス」の争奪／歴史研究のなかのアレクサンドロス――ドロイゼンとターン／コラム4　「ヘレニズム」とアレクサンドロス／新しいアレクサンドロス像／コラム5　「もしアレクサンドロスが……」

あとがき……226
アレクサンドロス年表……228
主要参考文献……231

はじめに――ヴェルギナのアレクサンドロス

ヴェルギナ。ギリシア北部の緑豊かなピエリア山脈の山裾《やますそ》にあるその小さな村は、古代マケドニア史研究の、まさしく「聖地」です。

一九二三年のトルコとの大規模な住民交換によって、小アジアから流入したギリシア人難民の村がギリシア北部に数多く生まれましたが、そうした村の一つであるヴェルギナでテッサロニキ大学の考古学者M・アンズロニコスが一九七七年から一九七八年にかけて行った発掘調査は、ギリシアにおける二〇世紀後半最大の発見とも言うべき、華々しい成果をもたらしました。巨大な墳丘《ふんきゅう》の内部から三基の墳墓《ふんぼ》が姿を現し、うち二基は未盗掘で、豪華《ごうか》絢爛《けんらん》たる副葬品が出土したのです。これらは明らかにマケドニア王国の王墓であり、アンズロニコスは最大規模の墳墓（2号墓）をアレクサンドロス大王の父フィリポス二世（在位前三六〇／五九～前三三六）の墓と断じ、大きな反響を呼びました（詳しくは八八頁《ページ》のコラム2参照）。

その2号墓の、ギリシアの神殿を模《も》したファサード上部のフリーズには、槍《やり》や斧《おの》を手にした一〇人の男たちが林のなかでライオン、熊、猪《いのしし》、鹿の狩りに興じる場面を描いたフレスコ

図1　ヴェルギナ2号墓の狩猟図（復元図）

図2　狩猟図に描かれたアレクサンドロス（原画）

画（縦一・一六メートル、横五・五六メートル）が施されています（図1）。大胆な短縮法を駆使した、三次元的な立体感のある見事な絵画で、埋土《うめど》に接していたため損傷が激しいものの、ギリシア世界では原作が現存していない前四世紀の大画面絵画の様式や技法を今に伝える貴重な資料です。

2号墓の被葬者をめぐる議論においては、この狩猟図に描かれた人物の同定が焦点の一つになります。右から三人目の、馬上からライオンにとどめの一撃を加えようとしている年長の人物が、この墓の被葬者とされるフィリポスであるようです。そして、画面中央の最も目立つ位置で、馬に乗って槍を構えている若者が、少年の面影《おもかげ》を残した、若々しいアレクサンドロスです（図2）。紫色の衣装をまとい、月桂樹《げっけいじゅ》の冠をつけたアレクサンドロスは、右手に振りあげた槍で画面右側のライオンに狙いを定めています。このポーズは、有名な「アレクサンドロス・モザイク」(二九頁の図5)におけるアレクサンドロスの姿ともよく似ています。亡き父フィリポスを手厚く葬ったアレクサンドロスは、その墓の正面を飾る狩猟図に自らの姿を堂々と描き込ませることによって、父の後継者としての地位をアピールしようとしたのでしょう。

さらに、2号墓からは、約三センチ大の象牙製の肖像彫刻が二〇点以上出土しています。こちらも人物の同定をめぐって多くの議論がありますが、そのうちの二点がフィリポスとアレクサンドロスの肖像であることは、ほぼ通説となっています(図3、4)。首を軽く傾け

図3　フィリポス2世の象牙製肖像彫刻。ギリシア、ヴェルギナ考古学博物館蔵

図4　アレクサンドロスの象牙製肖像彫刻。ギリシア、ヴェルギナ考古学博物館蔵

て視線をやや上に向けた、この小さなアレクサンドロスの肖像は、まだあどけなさの残る、彼の初々しい面差しを生き生きと伝えています。

　私たちのもとには数多くのアレクサンドロスの彫像が伝わっていますが、ほぼ全てローマ時代の模刻《もこく》であり、原作は残されていません。ヴェルギナの狩猟図と象牙製肖像彫刻から、私たちは、貴重な同時代の、まだ理想化や英雄化がされていない、アレクサンドロスの「素顔」をうかがい知ることができるのです。

第1章　アレクサンドロスに迫る

アレクサンドロス大王（三世）（在位前三三六〜前三二三）は、世界史において最も知名度の高い人物の一人でしょう。わずか一〇年で当時の知られうる限りの世界を征服し、三二歳の若さで世を去った彼は、人々を惹《ひ》きつけてやまない、魔力のような輝きを放つ歴史上稀有《けう》な存在です。

そんなアレクサンドロスの「実像」に、私たちはどのようにして迫ることができるのでしょうか。本章では、アレクサンドロスの生涯に話を進める前に、歴史学という学問がいかにしてアレクサンドロスにアプローチしていくのかを見ていきます。多少ややこしい専門的な話にもなりますが、このあとのアレクサンドロスの事績についての章に深く関わってきますので、お付き合い下さい。

「マケドニア王」としてのアレクサンドロス

アレクサンドロスの祖国マケドニアは、高校の世界史教科書や一般向けの概説書では、前四世紀半ば、アレクサンドロスの父フィリポス二世のもとで彗星《すいせい》のようにギリシア史の舞台に躍り出たかのごとく描かれていますが、決してそうではありません。マケドニアは、フィリポスの登場に至るまで約三世紀の歴史を持ち、ギリシア世界やペルシアと密接に関わりながら発展を遂げた王国です。

膨大《ぼうだい》な蓄積を有する一九世紀以来の欧米の西洋古代史研究において、アレクサンドロス以前のマケドニア史の研究が本格的に取り組まれるようになったのは、ようやくここ数十年のことにすぎません。世界史にその名を轟《とどろ》かせるアレクサンドロスの祖国でありながら、なぜ、マケドニア史研究の歩みは遅々《ちち》としたものだったのでしょうか。

その理由として、近代以降のマケドニア地方の政治的複雑さに起因するマケドニア考古学の停滞が、マケドニア史研究の進展を阻《はば》んだことがあげられます。さらに、同時代のマケドニアの人々が書いたものがほとんど残っていないという、史料上の制約もあります。マケドニア人は、歴史上大きな役割を果たしながらも後世に伝わるような形で文字史料を書き残さなかった人々で、スパルタ人やカルタゴ人とともに、古代地中海世界における silent people（「声なき民」）と呼ばれているのです。

そして何よりも、アレクサンドロスという存在があまりに巨大だったことが、その理由としてあげられるでしょう。一九世紀に近代歴史学が確立して以来、圧倒的な関心がアレクサンドロス個人に集中してきました。アレクサンドロスは、その一三年間の治世のほとんどを東方遠征に費やし、マケドニアに戻ることなくバビロンで没しました。彼がマケドニア王として本国にいたのは、東方遠征に出発するまでのわずか二年足らずにすぎません。従って、アレクサンドロスの研究は必然的に東方遠征を中心とするものとなり、マケドニア史研究とは必ずしもイコールではないのです。

そしてまた、第6章で詳しく見るように、近代以降の歴史研究において、アレクサンドロスは崇高な理想の実現に邁進《まいしん》する英雄として長年にわたり崇《あが》められてきました。彼は同時代の政治状況のなかで、「野蛮な東方を文明化する使徒」、「東西融合の理想を実現して新しい時代を開いた英雄」という輝かしい衣をまとい、こうして彼に関する研究は、マケドニア王国という歴史的文脈からますます遊離《ゆうり》していったのです。

そうした状況を一変させたのが、一九七七〜七八年のアンズロニコスによるヴェルギナの発掘調査です。その後の研究にはかりしれない影響を与えたこの発掘は、アレクサンドロス個人に圧倒的な比重が置かれていた従来の研究のあり方を大きく変えることになり、マケドニア史研究全体のめざましい発展の原動力となりました。ヴェルギナの発掘以来、欧米におけるマケドニア史研究は著しくその密度を高め、今やマケドニア史は、西洋古代史研究の中心的なテーマの一つとなるに至っています。とりわけ、2号墓の被葬者をめぐる関心の高まりを背景に、これまでアレクサンドロスの影に隠れがちだったフィリポスの研究が著しい活況を呈《てい》しています。ヴェルギナの発掘調査は、マケドニア史研究の新しい時代の幕開けを高らかに告げることになった、まさに燦然《さんぜん》と輝く金字塔です。こうして、アレクサンドロスという巨大な影から、「マケドニア」がようやく姿を現したのです。

さらに、一九九一年にマケドニア共和国（現北マケドニア共和国）が独立して以来、同国とギリシアの間で激しく繰り広げられた紛争において、両国は「アレクサンドロス」というシンボルを奪い合い（二〇六頁《ページ》のコラム3参照）、そうしたなかで、「マケドニア」という場におけるアレクサンドロス、「マケドニア王」としてのアレクサンドロスに、より関心が寄せられるようになっています。

アレクサンドロスは、忽然《こつぜん》と姿を現した稀代《きたい》の大征服王ではなく、彼以前のマケドニアから、とりわけ父フィリポスから多くのものを受け継いできた、まぎれもない「マケドニア王」です。ヴェルギナの発掘を経て、こうしたマケドニア史の連続性という観点から、「マケドニア王」として、フィリポスの息子としての、彼の生涯と事績にアプローチすることが可能となったのです。

ローマのアレクサンドロス伝

歴史研究は、残された史料を丹念に分析し、過去の歴史的事実を可能な限り客観的に明らかにしようとする営みです。世界史に比類なき足跡を印したアレクサンドロスについて、私たちにはどのような史料が残されているのでしょうか。

およそ西洋古代史において、アレクサンドロスほど豊かな史料に恵まれた人物は稀《まれ》でしょう。ただし、それらの史料は、アレクサンドロスとは三〇〇年以上も隔たったローマ時代のものがほとんどです。

アレクサンドロスの生涯と事績について書かれた作品のうち、まとまった形で現存しているのは、ローマ時代に生まれた次の五篇《へん》です。

①前一世紀の歴史家ディオドロスの『歴史叢書《そうしょ》』（全四〇巻）の第一七巻。ディオドロスはシチリア出身のギリシア人で、神話の時代からカエサルのガリア戦争までを対象とする世界史（普遍史）を著しました。

②前一世紀末頃のローマの歴史家ポンペイウス・トログスの『フィリポス史』（全四四巻）

の第一一・一二巻。トログスは古代オリエントからローマによるエジプト征服までの世界史を著しましたが、この原著そのものは伝わらず、後三世紀の文人ユスティヌスによる摘要のみが現存しています。

③後一世紀のローマの文人クルティウスの『アレクサンドロス大王伝』全一〇巻。最初の二巻が現存しないため、正確な題名は不明です。クルティウスについては、確実なことはほとんど知られていません。

④後一〜二世紀の文人プルタルコスの『英雄伝』の一篇である『アレクサンドロス伝』。プルタルコスはカイロネイア出身のギリシア人で、ギリシアとローマの著名人を一人ずつ組み合わせて論じた巨大な伝記集『英雄伝』を著しました（四八篇の伝記が現存）。『アレクサンドロス伝』は、『カエサル伝』と組み合わされています。なおプルタルコスには、『アレクサンドロスの運または徳について』と題する論説もあります。

⑤後二世紀の政治家・軍人アリアノスの『アレクサンドロス大王東征記』全七巻。アリアノスは元老院議員《げんろういんぎいん》身分のギリシア人で、ハドリアヌス帝のもとで執政官《コンスル》や属州総督《ぞくしゅうそうとく》を務めました。アリアノスの作品は、彼の軍人としての経歴を反映して、戦闘場面の記述が詳しいのが特徴です。

「失われた歴史家たち」

これらのローマ時代の作品は、アレクサンドロスと同時代の人々の手になる作品を参照して執筆されたものですが、そうした同時代作品は、今日ではほぼ全て散逸《さんいつ》し、後世の文人たちに引用された部分が断片としてかろうじて残っているにすぎません。その代表的な作者は次の六人です。

(1)カリステネス。哲学者アリストテレスの親戚にあたるギリシア人の歴史家で、東方遠征の公式記録を執筆する任務を与えられて従軍しました。アレクサンドロスをホメロス的な英雄として称揚する作品を著しましたが、東方遠征中の前三二七年、陰謀事件に連座して処刑されたため（一四四頁参照）、彼の記録は途中で途絶えています。

(2)プトレマイオス。アレクサンドロスの高位の側近で、彼の死後、プトレマイオス朝エジプトを建てました。晩年に、軍事面の記述が詳しいアレクサンドロス伝を著しました。

(3)アリストブロス。技術者・建築家として東方遠征に従軍したギリシア人で、前三世紀初頭にかなりの高齢でアレクサンドロス伝の執筆を始めました。

(4)オネシクリトス。犬儒学派《キュニコス》の哲学者ディオゲネスの弟子で、東方遠征の帰路において艦隊の操舵長《そうだちょう》を務め、のちに空想の入りまじったアレクサンドロス伝を著しました。
(5)ネアルコス。クレタ島出身のギリシア人で、アレクサンドロスの側近。東方遠征の帰路において艦隊の指揮をとり、インド洋沿岸の探検航海についての詳細な記録を残しました。
(6)クレイタルコス。前四世紀末から前三世紀前半にかけてエジプトのアレクサンドリアで活躍した文人。アレクサンドロスに関する様々な逸話《いつわ》や噂話《うわさばなし》を集めた物語的な伝記を著して絶大な人気を博し、空想的な物語の集成である「アレクサンドロス・ロマンス」(一八九頁参照)にも大きな影響を与えました。

「失われた歴史家たち」と総称される彼らのうち、クレイタルコスを除く五人は、アレクサンドロスとともに従軍した、東方遠征の「生き証人」たちです。

ローマ時代の①~⑤の作品を史料として用いるにあたっては、これらの同時代作品のいずれに依拠したのかを個々の記述ごとに丹念に解明し、それぞれの記述の信憑性《しんぴょうせい》を逐一《ちくいち》検証する作業が不可欠となります。一九世紀に厳密な実証科学としての近代歴史学が確立して以来、より信憑性の高い原典に依拠した現存作品の信憑性が高い、という原則のもと、①~⑤の現存作品の原典を特定する作業に多大な努力が注がれてきました。この作業を原典研究(Quellenforschung)と言いますが、これは、現存作品の章や節、文章ごとにその「種本《たねほん》」となる原典を突きとめて信憑性を吟味《ぎんみ》するという地道な作業です。ローマの文人は引用する際に記述の典拠をいちいち明記しない場合が大半ですし、どれだけ忠実に元の文章を引用しているかも定かではありません。さらに、「失われた歴史家たち」同士、ローマの文人たち同士の相互引用もあり、作品の相互関係は網の目のように複雑に入り組んでいます。

そうした網の目を解きほぐす原典研究が進められるなかで、「失われた歴史家たち」のうち信憑性が高いとされたプトレマイオスとアリストブロスに主として依拠するアリアノスの作品が、アレクサンドロス研究の「正史」として別格に扱われるようになります。他方、とりわけ信憑性が低いとされたクレイタルコスに依拠するディオドロス、ポンペイウス・トログス、クルティウスの作品は、歴史的信頼性の低い「俗伝」とされ、明確に線引きがされるようになりました。

しかし、ここ数十年の研究の進展により、信憑性が高いとされたプトレマイオスの作品にも、自分の手柄を誇張し、ライバルの功績を軽視するなどの偏向や歪曲《わいきょく》が含まれること、ディオドロス、ポンペイウス・トログス、クルティウスは、クレイタルコス以外の「失われた歴史家たち」にも多く依拠していることなどが明らかになり、「正史」「俗伝」というローマ時代の作品の単純な二分法は、大きな修正を迫られています。

二極分化したアレクサンドロス像

そうした現存するローマ時代の五篇の作品をひもとくと、「英雄」、あるいは「暴君」という、両極端のアレクサンドロス像が現れます。ディオドロス、プルタルコス、アリアノスによるギリシア語の作品はアレクサンドロスを「英雄」として称《たた》え、他方、ポンペイウス・トログスとクルティウスによるラテン語の作品はアレクサンドロスの人間的堕落を強調し、彼を「暴君」として敵視する論調が顕著《けんちょ》です。こうした二極分化した像を読みとくには、作品が成立した時代背景に留意しなければなりません。

五篇の作品が生まれたローマ時代は、アレクサンドロスのイメージが著しく増幅した時期です。ローマの権力者は、アレクサンドロスの功業に崇拝とも言える憧憬《しょうけい》を抱き、こぞって彼を模倣《もほう》しました。ポンペイウスやアントニウスなどの共和政末期の政治家や、アウグストゥス、トラヤヌス、カラカラをはじめとする多くの皇帝が、熱烈な「アレクサンドロス模倣(imitatio Alexandri)」を繰り広げました。こうした「アレクサンドロス模倣」は、アレクサンドロスの外見をまねたり、彼の遺品を身につけたり、「大王」を名乗ったり、軍事遠征にあたって彼の行動を手本にしたりと、あらゆる場面に及びました。

他方、知識人たちの間では、アレクサンドロス像は大きな分裂を見せます。共和政期には、アレクサンドロスを英雄として称揚するヘレニズム時代の風潮がおおむね継続しており、五篇のうち最も早く成立したディオドロスの作品は、こうしたアレクサンドロス賛美の系譜に位置づけられます。

ところが共和政末期になると、権力者たちが次第に独裁政への傾斜を強めていくなかで、そうした動きを警戒する知識人たちは、現実の権力者の姿をアレクサンドロスに重ね合わせるようになります。権力者たちの「アレクサンドロス模倣」も、これに拍車をかけました。とりわけ、帝政初期にカリグラやネロといった悪名高い暴君が熱狂的にアレクサンドロスを模倣したため、野蛮で残忍な専制君主というアレクサンドロス像が定着することになりました。ポンペイウス・トログスとクルティウスの作品はこうした時期に生まれたもので、両篇とも、アレクサンドロスを貪欲《どんよく》な暴君として非難する論調が目立ちます。

しかし後一世紀末、五賢帝時代を迎えて皇帝支配が安定すると、再びアレクサンドロスを賛美する傾向が復活しました。後一世紀後半に始まるギリシア文化高揚の風潮として知られる「第二次ソフィスト運動」のなかで、アレクサンドロスはギリシア文化を体現する英雄として復権を果たします。この時期にギリシア人であるプルタルコスとアリアノスによって書かれた作品は、そうした潮流を代表するものです。とりわけ、アリアノスの大著『アレクサンドロス大王東征記』は、「アレクサンドロスの功業を正しく伝えて広く世に顕彰《けんしょう》することをめざす」と明言しているように、アレクサンドロスを暴君として誹謗《ひぼう》する風潮に反発し、彼を不世出の王・将軍として称揚する作品です。

「ローマの創造物」

このように、ローマ時代は、アレクサンドロスを「英雄」として称える論調と「暴君」として敵視する論調がせめぎ合っていた時代です。アレクサンドロスは絶えず賛美と誹謗の的となり、美徳と悪徳の両方のシンボル、パラダイム（範例）として想起されました。私たちの主な史料となる五篇の作品は、そうした風潮のなかで生まれたものなのです。

つまり、現存するローマ時代の作品におけるアレクサンドロス像の違いは、依拠した原典におけるアレクサンドロス像の違いを反映しているのではなく、ローマのその時々の時代背景に規定された、ローマの文人自身によるアレクサンドロス観の違いであることに留意しなければなりません。現存するローマ時代の作品は、「失われた歴史家たち」の作品のコピーやパッチワークではなく、あくまでも、ローマに生きる文人がローマの読者に向けて書いた、

Roman creation（「ローマの創造物」）なのです。

ローマの文人は、依拠した原典の記述をそのまま正確に語ることにも、アレクサンドロスについての真実を伝えることにも、さして関心はありませんでした。ローマの読者にいかなるアレクサンドロス像を提示するか。アレクサンドロスを通して読者にいかなるメッセージを伝えるか。こうした特定の関心から、ローマの文人は、各々のテーマを最も効果的に示すために原典を取捨選択し、それを同時代のローマの文脈で解釈し、ローマの読者にわかりやすいように自在に脚色を加え、時にはホメロスやヘロドトスなどの過去の名高い作品における叙述のパターンを模倣して、独自の「アレクサンドロス」を造型したのです。

最近のアレクサンドロス研究の多くは、このような認識を共有するようになっていますが、これは、近年アレクサンドロス研究に浴びせられた批判に対するリアクションでもあります。一九世紀以来、欧米ではアレクサンドロスについてのおびただしい数の研究が生み出されてきましたが、二一世紀に入って、そうしたアレクサンドロス研究の世界はAlexander industryやAlexanderlandなどと呼ばれて揶揄《やゆ》され（直訳すれば、「アレクサンドロス業界」、「アレクサンドロスの国」）。アレクサンドロス研究の特殊性に対する皮肉を込めた表現）、痛烈に批判されるようになりました。二〇世紀後半以降の西洋古代史研究がポストモダニズムの影響を受けて様々な新しいアプローチを積極的に取り入れていく一方で、アレクサンドロス研究は一九世紀以来の伝統的な研究手法に固執《こしゅう》している、というのです。とりわけ、百年一日のごとく原典研究にいそしみ、同じ史料への同じアプローチに基づいて同じ問いを延々と繰返している、と手厳しく批判され、アレクサンドロス研究者たちの間に大きな波紋を呼びました。

一九世紀以来の伝統的な原典研究は、ローマ時代の作品を著作家の意識や主観から切り離し、その記述が依拠した情報源を探ることで信憑性を吟味しようとしました。そうした地道な原典研究が、アレクサンドロス研究を大きく発展させたのは確かです。しかし当然のことながら、情報源を特定できたとしても、それだけではローマ時代の作品の信憑性はわかりません。右のような近年の批判を受けて、アレクサンドロス研究者たちはこうした伝統的な史料批判に基づく実証研究の限界性により自覚的になり、ローマ時代の作品から「歴史的」なアレクサンドロスを探求することの難しさを、あらためて強く認識するようになったのです。

そうしたなかで、とりわけ最近は、アレクサンドロスの堕落や暴君化を示す出来事や、彼に遠征続行を断念させたヒュファシス河畔《かはん》での騒擾《そうじょう》事件など、東方遠征における種々の有名なエピソードを、ローマの文人による「創作」として斥《しりぞ》ける研究も目立つようになっています。こうした研究は、それらの事件を東方遠征の重要な出来事として当たり前のように受け入れてきた私たちにとって、なかなか衝撃的です。いったい、アレクサンドロスについて知られていることのどこからどこまでが真実で、どこからどこまでがフィクションなのか、実際に何が起こり、何が起こらなかったのか、途方に暮れてしまいます。

そうした研究をめぐっては賛否両論ありますが、ともあれ、アレクサンドロスを研究する全ての歴史家たちにローマ時代の作品の「歪《ゆが》み」を自覚させ、史料に対するなおいっそうの慎重さを促したという点で、その意義はすこぶる大きいと言えるでしょう。

ただし、ローマ時代の作品の「歪み」を強調することは、それ以前の「歪み」を軽視してしまうことにもなりかねません。ローマの文人たちが自らの目的や関心に合わせて独自の「アレクサンドロス」を描いたように、カリステネスやプトレマイオスなどの「失われた歴史家たち」も、それぞれの立場や関心から独自の「アレクサンドロス」を造型しました。さらに、アレクサンドロス自身も生前から自らの伝説化を促進し、自らの「物語」を紡いでいました。アレクサンドロスについての史料の「歪み」は、ローマ時代に初めて生じたわけではありません。それよりはるか以前のアレクサンドロスの時代から何重にも歪んでおり、私たちが手にするのは、そうした重層的な「アレクサンドロス物語」なのです。

私たちは、アレクサンドロスが何をしたのか、彼はどのような人物だったのかを問う前に、まずもって、こうした「歪み」を生んだそれぞれの時代の文脈のなかで、誰によって誰に向けて何のためにそのアレクサンドロスの表象がつくられ、それがどのような意味を持ったのかを一つ一つ細かく検証し、幾重《いくえ》もの「歪み」と格闘していかなければならないのです。そうした気の遠くなるような作業を丹念に続けてこそ、アレクサンドロスの「真実」に一歩近づくことができるのでしょう。

「アレクサンドロス・モザイク」

ここで、アレクサンドロスとダレイオス三世の激戦の場面を描いた、有名な「アレクサンドロス・モザイク」(図5)に目を向けてみましょう。

高校の世界史教科書にもしばしば掲載されているこのおなじみの作品は、後七九年のヴェスヴィオス火山の噴火で埋まったイタリアの古代都市ポンペイで一八三一年に発見された、縦二・七一メートル、横五・一二メートルという巨大なモザイク画です。画面左からマケドニア軍がなだれ込み、ペルシア軍は混乱状態にあります。ペルシア兵たちは逃げまどい、戦車に乗ったダレイオスは、まさに退却を始めんとしています。ダレイオスは怯《おび》えた目をアレ

図５　『アレクサンドロス・モザイク』　前120〜前100年頃。イタリア、ナポリ考古学博物館蔵

クサンドロスに向け、槍《やり》を構えたアレクサンドロスは、そんなダレイオスを決然とした眼差《まなざ》しで凝視《ぎょうし》しています。

ポンペイの通称「ファウヌス（牧神）の家」と呼ばれる大邸宅の談話室《エクセドラ》の床を飾っていたこのモザイク画は、モザイクとしては異例なまでに細密に描き込まれているため、大規模な絵画を原画として前一二〇〜前一〇〇年頃に制作されたコピー作品と考えられています。その原画がいつ誰によって制作されたかは、定かではありません。ローマの学者大プリニウスは、『博物誌』のなかで「エレトリア出身の画家フィロクセノスが、カッサンドロス王のために、アレクサンドロスとダレイオスの戦闘を描いた第一級の絵を残した」と述べているので、フィロクセノスが描いたというその絵がこのモザイク画の原画だとする見解が有力であるものの、異論も少なくありません。前四世紀末にマケドニア王となったカッサンドロスのために制作されたとすると、この絵はマケドニアの都ペラの宮殿を飾り、前一六八年にローマ軍がマケドニアを制圧した際に戦利品としてローマに運ばれ、その数十年後に、これをもとに「ファウヌスの家」の所有者の注文によってモザイク画が制作されたということになります。

「アレクサンドロス・モザイク」をめぐっては、研究者たちの間で多くの議論があります。このモザイク画はどの戦闘を描いたものなのでしょうか。アレクサンドロスとダレイオスが直接対決した会戦は、イッソスの戦い（前三三三年）とガウガメラの戦い（前三三一年）の二度のみです。イッソスの戦いを描いたものとする見方が広まっていますが、史料に伝えられるイッソスでの対決場面は必ずしもこのモザイク画の描写と一致しないため、異論も多く、特定の戦闘を描いたものではないとする見解も根強く見られます。

なかでも研究者の関心を集めているのは、アレクサンドロスの勝利を描く作品でありながら、敗者であるダレイオスが画面の中央を占め、ひときわ高い位置に、アレクサンドロスよりも大きく描かれていることです。これについては、アレクサンドロスと対立関係にあったと伝えられるカッサンドロスの彼に対する敵意がこの絵にひそんでいるという見方や、アレクサンドロスが東方遠征のさなかに進めたペルシアの人々との協調路線に対するマケドニア人のアンビヴァレントな心情が反映されているといった見方など、様々な説が提示されています。

しかし、そもそも、「アレクサンドロス・モザイク」は原画の忠実なコピー作品なのでしょうか。モザイクの原画を描いた画家がなぜそのような描き方をしたのかを問うのみならず、前一二〇～前一〇〇年頃のポンペイでこのモザイク画を発注した「ファウヌスの家」の所有者やその制作者にとって、この絵がどのような意味を持ったのかについても問う必要があるでしょう。ローマ時代の作品に描かれるアレクサンドロスが、「失われた歴史家たち」の作品に依拠しつつもローマの文人が独自に創造した「アレクサンドロス」だったのと同様に、「アレクサンドロス・モザイク」も、原画の単なるコピーではなく、原画に基づきながらも独自のメッセージを発する、「ローマの創造物」だったのかもしれません。敗者ダレイオスを中心に据《す》えるというこの絵の構図には、原画の発注主や画家のアレクサンドロスに対するアンビヴァレンスではなく、モザイク画が制作されたローマ時代の人々のアレクサンドロスに対するアンビヴァレンスが反映されていると見ることもできるでしょう。

第2章　東地中海世界とマケドニア

前三三四年、アレクサンドロスは、父フィリポス二世のもとでバルカン随一の強国となったマケドニアの軍勢とギリシア同盟軍を率いて、一〇年に及ぶ東方遠征の途につき、オリエントの大帝国アカイメネス朝ペルシアを滅ぼすに至りました。約一五〇年前のペルシア戦争の報復戦、と銘打《めいう》たれたこの東方遠征は、ペルシア戦争以来ギリシアとペルシアは常に敵対関係にあり、ギリシアに覇《は》を唱えた新参者《しんざんもの》のマケドニアがついにペルシアを討った、という印象を与え、長年にわたる東西世界の対決の総決算という構図で理解されがちです。

しかし、ギリシアとペルシアは常に敵対していたわけではなく、ペルシア戦争後も、政治や経済、文化などのあらゆる面で密接な交流が続いていました。マケドニアも、決して「新参者」ではなく、前五世紀初頭からギリシア世界へ積極的に参入し、ペルシアの影響のもとに発展を遂げ、東西両世界を結ぶネットワークにしっかりと組み込まれていたのです。

本章では、アレクサンドロスの登場に至るまでの、そうしたギリシアとペルシアの関係やマケドニア王国の歩みを概観していきます。

アカイメネス朝の興隆

アレクサンドロスが滅ぼしたアカイメネス朝ペルシアは、前六世紀後半、西はエジプトから東はインダス川流域にまで及ぶオリエント世界のほぼ全域を手中に収め、広大な「世界帝国」を築きました。

第三代ダレイオス一世（在位前五二二～前四八六）は、こうした空前の大帝国の新秩序を構築するための改革に着手します。彼は全領土を二十余の行政区に区分し、各行政区に総督《サトラペス》を任命して統治させました。総督は地方行政における強大な権限を握りましたが、ダレイオスは「王の目」「王の耳」と呼ばれる王直属の監察官を派遣して、彼らの動向を監視させました。さらに、全国の要地を結ぶ「王の道」を設け、駅伝制を敷いて帝国内の交通通信網を整備する一方、支配下の異民族に対しておおむね寛容な政策をとり、彼らの宗教や慣習を尊重して自治を認めました。広大な領域と多様な民族を安定して統治するためのこうした支配体制は、このアレクサンドロスによっても踏襲《とうしゅう》され、続くセレウコス朝やパルティア、さらにはローマ帝国やオスマン帝国にも受け継がれていきます。

ダレイオスは前五一四年頃、黒海北岸のスキタイに遠征しました。この遠征は失敗に終わりましたが、これがエーゲ海世界に支配領域を拡大する足がかりとなり、まもなくトラキア地方を征服し、マケドニアの北東に住むパイオニア人も支配下に置きます。前五一〇年頃にはマケドニアにも使節団を派遣して臣従を要求し、最終的にマケドニアは、前四九二年にペルシアに服属するに至りました。

ペルシア戦争

こうしたペルシアのエーゲ海方面への進出の延長線上にあるのが、ペルシア戦争です。前四九九年に小アジア西岸のイオニア地方のギリシア人諸都市がペルシアに対して反乱を起こし、これをアテネとエレトリアが支援したことをきっかけに、前四九二年、ペルシア戦争が始まります。前四九〇年にダレイオスはギリシアに派兵しますが、マラトンの戦いで敗退し（第一回ペルシア戦争）、次のクセルクセス（在位前四八六〜前四六五）は前四八〇年、自ら大軍を率いてギリシアに遠征しました（第二回ペルシア戦争）。このとき、ペルシア軍はアテネを占領してその神域を略奪しています。これが、約一五〇年後のアレクサンドロスの東方遠征において、報復戦争という大義名分の根拠となります。結局、ペルシア軍はサラミスの海戦に敗れ、翌年のプラタイアの戦いとミュカレの海戦においても敗北を重ね、こうしてペルシア戦争はギリシア側の勝利に終わりました。

その後も小アジアにおいて両軍の間で戦闘が繰り返されましたが、ギリシア本土での戦いは前四七九年以降は行われませんでした。ギリシアはペルシア軍の再来に備えて、前四七八年、アテネを中心にデロス同盟を結成します。この同盟は次第にアテネによるエーゲ海支配の道具と化し、エーゲ海は「ペルシアの海」から「アテネの海」へと変化していきました。

そうしたなかで、ギリシア人は、ペルシア人を筆頭とする異民族に対する鮮明な意識を形成していきます。異民族をさす「バルバロイ」という概念がギリシア人（ヘレネス）の対概念として定着し、前五世紀後半になると、明確なバルバロイ蔑視《べっし》の観念が確立します。またペルシア戦争は、とりわけアテネにおいて「ペルシアの専制に対してギリシアの自由を守った戦い」として語り継がれ、「ギリシア＝自由、ペルシア＝専制・隷属《れいぞく》」というステレオタイプな見方が浸透していきました。

こうしたペルシアに対する否定的なイデオロギーが形成されていく一方で、ペルシア戦争後にギリシアに流入したペルシア文化に、ギリシア人は強く魅せられていきます。とりわけアテネではペルシア文化が流行し、戦後の都市の復興にあたって、いくつかの公共建築のデザインにペルシア風の意匠《いしょう》が取り入れられ、日傘をはじめとするペルシアの服飾品や装飾品も、人々の間に広く浸透しました。ギリシア人にとってペルシア人は、蔑視すべき異民族であると同時に、憧れ、模倣《もほう》すべき対象でもあったのです。

ギリシア世界を操るペルシア

ペルシア戦争後のギリシアでは、アテネとスパルタの二大ポリスが対立を深め、そうしたなかで両国ともペルシアの財力を当てにし、ペルシアに軍資金の援助を仰ぐようになります。こうした資金提供はすでに前四六〇年頃から見られますが、アテネとスパルタの両陣営の間でペロポネソス戦争（前四三一〜前四〇四年）が勃発すると、軍資金への期待はますます高まり、両国は競ってペルシア王に使節を送りました。最終的にスパルタがペロポネソス戦争に勝利を収めたのも、戦争の後半においてペルシアから多額の資金援助を得ることに成功したためです。

前四世紀に入ると、ペルシアはその莫大《ばくだい》な財力を武器にポリス間の戦争に執拗《しつよう》に介入し、ギリシアの国際関係を陰に陽に牛耳《ぎゅうじ》っていきます。資金提供によってポリス間の競合を助長して対立抗争を促し、ペルシアに脅威を及ぼす勢力の出現を防ぐことを狙ったのです。

そうしたペルシアの影響力を如実《にょじつ》に示すのが、前三九五年に勃発したコリントス戦争です。

ペロポネソス戦争勝利後にエーゲ海に覇を唱えたスパルタを牽制《けんせい》するため、ペルシアはアテネやテーベをたきつけ、スパルタに対して戦端を開かせます。戦局は一進一退を重ねましたが、アテネの国力の回復を警戒するペルシアは結局スパルタの側につき、前三八六年に「大王の和約」と呼ばれる講和条約を成立させました。ペルシアがスパルタを抑えるために起こしたコリントス戦争は、こうしてペルシアの主導のもと、ペルシアとスパルタが手を組む形で幕が引かれたのです。

この時期のペルシアの主要な関心事は、前五世紀末に離反したエジプトの回復でした。エジプトが最終的にペルシアの支配下に戻るまでの約六〇年間に、ペルシアは四度にわたって大がかりなエジプト遠征を行っています。さらに、前三七〇年代末から約一〇年間、小アジアの総督たちの反乱も相次ぎました。

このためペルシアは、遠征に必要な兵力を、勇猛な戦士として評判の高いギリシア人傭兵《ようへい》に求めました。この時期、実に多くのギリシア人が傭兵としてエジプトや小アジアで戦っています。前四世紀のギリシアで傭兵の使用が広まったことはよく知られていますが、亡命者や経済的に没落した市民が母国を離れて生計のために各地を転々とするという専業的な傭兵のみならず、副業として一時的に傭兵となって戦うポリス市民も多く見られました。アレクサンドロスも、東方遠征において、ペルシアに雇われた大規模なギリシア人傭兵軍とあいまみえています。

アレクサンドロスが挑んだ前四世紀のペルシアは、「衰退した老帝国」というイメージで語られることが多いですが、これは、ペルシアの力を過小評価するギリシア側の史料に基づくものです。フィリポスにペルシアへの遠征を勧告したアテネの弁論家イソクラテス（九七頁《ページ》参照）は、ペルシアの弱さを印象づけるため、ペルシア人が劣等で柔弱なバルバロイであること、宮廷での陰謀や各地の反乱によって帝国は衰退の一途をたどっていることを、繰り返し強調しました。こうした言説は、クセノフォン、プラトン、アリストテレスなどの著作にしばしば現れる、前四世紀の知識人たちが抱いていた伝統的なペルシア観です。しかし、すでに見たように、現実のペルシアはその潤沢な資金を武器にギリシアの政局を操っており、決して衰退していたわけではありません。

前三五九年に登位したアルタクセルクセス三世（在位前三五九〜前三三八）は、精力的な支配政策を推進して帝国全体に強力な権威を打ち立て、前三四三年には宿願だったエジプトの再征服にも成功を収めました。前三三八年に彼が暗殺されると、しばらく宮廷で内紛が続きますが、前三三六年に王位についた傍系のダレイオス三世（在位前三三六〜前三三〇）が混乱を収拾し、帝国は再び秩序を取り戻しました。このダレイオスが、アカイメネス朝最後の王として、アレクサンドロスの軍勢を迎え撃つことになります。

前四世紀前半のギリシア世界

コリントス戦争後のギリシア世界では、スパルタがペルシアを後ろ楯《だて》として強圧的な支配政策を展開しますが、前三七〇年代に、テーベがペロピダスとエパミノンダスという傑出した指導者を得て、著しく国力を増強させました。前三七一年のレウクトラの戦いで、テーベ軍はスパルタ軍に対して決定的な勝利を収め、ギリシア世界におけるスパルタの勢力を一挙に失墜《しっつい》させるに至ります。

勢いに乗るテーベは、その後、マケドニアにも触手を伸ばします。この時期にマケドニア王家の忠誠の保証としてテーベに送られた王子フィリポスは、十代半ばの約三年間（前三六八〜前三六五年）をテーベで過ごしています。彼は、ペロピダスとエパミノンダスという二人の英傑のもとで覇権確立を進めていた、まさに全盛期のテーベに滞在し、そのすぐれた戦術やギリシア世界の政治・外交のあり方を目の当たりにしました。この三年間の経験は、その後のフィリポスのギリシア征服に際して、このうえなく貴重な武器となったのでしょう。

しかし、こうしたテーベの勢威も長くは続かず、前三六〇年代後半にペロピダスとエパミノンダスが相次いで戦死したことで、以後は大きな翳《かげ》りが見え始めました。

一方、コリントス戦争期から順調に国力を回復したアテネは、スパルタへの対抗を旗印としてギリシア諸国に呼びかけ、前三七七年に海上同盟を結成しました。ちょうど一〇〇年前に結成されたデロス同盟を第一次海上同盟に見立て、この同盟は、通常「第二次アテネ海上同盟」と呼ばれます。前三六〇年代には、アテネは活発な海上作戦を展開して勢力圏を広げていきます。そうしたなかで、次第にアテネによる同盟支配が強まり、前三五七年、有力な加盟国が離反して同盟市戦争が始まりました。二年間続いたこの戦争はアテネの敗北に終わり、アテネの海上支配は決定的な打撃を被ることになりました。

このように、前四世紀前半のギリシア世界では、スパルタ、テーベ、アテネがペルシアからの資金提供を背景に錯綜《さくそう》した勢力争いを展開し、浮き沈みを繰り返しました。結局、いずれも長期的な確固たる覇権を打ち立てることはかなわずに相次いで失墜し、前四世紀半ばのギリシアは「勢力の真空状態」とも言うべき状況にありました。そうした状況を追い風に急速に台頭してくるのが、フィリポスの率いるマケドニア王国です。

図６　マケドニアの領土

マケドニアの登場

ギリシア世界の勢力図は、前四世紀半ばから後半にかけて、大きな変貌を遂げることになります。ギリシア北辺の一小王国にすぎなかったマケドニアが、新王フィリポスのもとでにわかに国力を強め、前三三八年のカイロネイアの会戦を経て、ついにギリシア世界の覇者として君臨するに至るのです。

　その約三〇〇年前、ギリシア北部のピンドス山脈で移動放牧を営んでいたマケドニア人がピエリア山脈の山裾《やますそ》に定住し、アイガイ（現ヴェルギナ）を都として国を建てたのが、マケドニア王国の始まりです。マケドニア人がギリシア人の一派だったかどうかは、大きな論争点になっていますが、確かなことはわかっていません。

マケドニアでは、建国からアレクサンドロスの時代に至るまで、アルゲアダイと呼ばれる王家が王位を世襲し、テルメ湾に面した平野部（低地マケドニア）を中心として、西の山岳地帯（上部マケドニア）や東のストリュモン川流域へと、徐々に領土を拡大していきました。上部マケドニアにはいくつもの部族王国が存在しており、前六世紀末にはアルゲアダイの勢力がこの地域にも及びますが、フィリポスの時代までは半独立の状態にありました。

マケドニア王国の支配構造については不明な点が多いのですが、大土地所有者である貴族が王と並んで卓越した地位にあり、「ヘタイロイ（朋友《ほうゆう》）」と呼ばれるこれらの貴族層が常に王をサポートしたと考えられています。王自身によって選出されたヘタイロイは、王に奉仕する代わりに土地や馬、金銭などを与えられ、王と強い相互依存関係にありました。マケドニアの王権や王政の性格をめぐっては長い論争がありますが、マケドニアの王権は制度上の基盤を持つものではなく、極めて個人的な性質のものだったことが、現在ではほぼ通説となっています。王個人の資質や力量に全面的に依存するマケドニアの王政は、欧米ではしばしばpersonal monarchy（「個人的君主政」）と呼ばれています。王位継承も王とヘタイロイの関係も、明確に制度化されたものではなく、その時々の状況に大きく左右される流動的なものだったようです。

マケドニアは天然資源に恵まれており、この豊かな天然資源も、マケドニアの歴史において重要な役割を果たしました。地中海性気候のギリシア南部と異なり、寒い冬と暑い夏、年間を通じて多い降水量に特徴づけられる大陸性気候のマケドニアは、ギリシア最良の木材の産地として名を馳《は》せていました。前五世紀になると、マケドニアはアテネをはじめとするギリシア諸国に造船用の木材を大量に輸出します。マケドニアの木材は、王国の貴重な収入源になるとともに、ギリシア世界の政治地図を規定する大きな要因となるのです。

ギリシア世界への参入

現存するギリシアの文献史料にマケドニア王国が初めて登場するのは、アミュンタス一世の治世（?～前四九七頃）のことです。彼の治世には、アテネの僭主《せんしゅ》のペイシストラトス一族とマケドニア王家の間に交流があったこと、前五一〇年頃にペルシア王ダレイオス一世がマケドニアに臣従を要求したことが伝えられています。そののち、アミュンタス一世は娘をペルシアの高官に嫁がせ、ペルシアとの友好関係を構築しました。こうしたアテネの僭主一族やペルシアといった「他者」との接触は、マケドニアをギリシア世界という大きな舞台へ誘《いざな》い、マケドニア王家がより広い世界において自己のアイデンティティを確立する契機となったのでしょう。

そうしたマケドニア王家のアイデンティティが明確に現れるのが、続くアレクサンドロス一世の治世（前四九七頃～前四五四頃）です。彼は、「ギリシア人の祭典」であるオリュンピア祭への出場や、ギリシア神話の英雄ヘラクレスを王家の祖とする建国伝説の喧伝《けんでん》を通じて、「ギリシア人」としてギリシア世界への参入を図りました。ヘラクレスは、一二の功業をはじめとする数々の武勇伝で知られる怪力の英雄です。そのヘラクレスの末裔《まつえい》の三兄弟がマケドニアに流れ着き、末弟のペルディッカスが王国を建てたとする建国伝説は、その後、ローマ時代に至るまで連綿《れんめん》と語り継がれます。アレクサンドロス一世以降、マケドニア王家はヘラクレスの子孫を自称し、貨幣にヘラクレスの意匠を用いるなどして、その血統を盛んにアピールしました。アレクサンドロス三世（大王）も、東方遠征の途上でヘラクレスを祀《まつ》る供犠《くぎ》をたびたび執り行っており、愛人バルシネが生んだ息子をヘラクレスと名付けたこ

図７　ヘラクレスの肖像を刻したアレクサンドロス大王の銀貨。ニューヨーク、アメリカ貨幣学協会蔵

とも知られています。

アレクサンドロス一世は、このように「ギリシア人」としてのアイデンティティを喧伝してギリシア世界との関わりを深めていく一方で、前四九二年にペルシアに服属し、ペルシア戦争ではペルシア側について参戦しました。前四七九年にペルシア軍がエーゲ海世界から撤退するまでの十数年間、マケドニアはペルシアの支配下にあり、この時期にペルシアの文化や生活様式がマケドニアに浸透したと考えられています。

その後、王国はアルケラオスの治世（前四一三頃〜前三九九）にめざましい発展を遂げます。彼は首都をアイガイから海に近いペラに移し、政治や軍制の大改革を断行して国力の増強に努めました。アルケラオスは、フィリポスの先駆者《せんく》と評されています。彼はギリシア文化の本格的な導入も図り、悲劇詩人エウリピデスをはじめ、画家のゼウクシス、詩人のアガトンやコイリロスなど、ギリシアの高名な知識人や芸術家を数多く宮廷に招きました。こうしたギリシア文化の積極的な受容は、以後の王家の一貫した方針になります。またアルケラオスは、王国の国家的な聖地であるディオンにおいてオリュンピア祭を模《も》した大祭典を創始するなど、祖父アレクサンドロス一世と同様、「ギリシア人らしさ」をギリシア世界に向けて盛んにアピールしました。

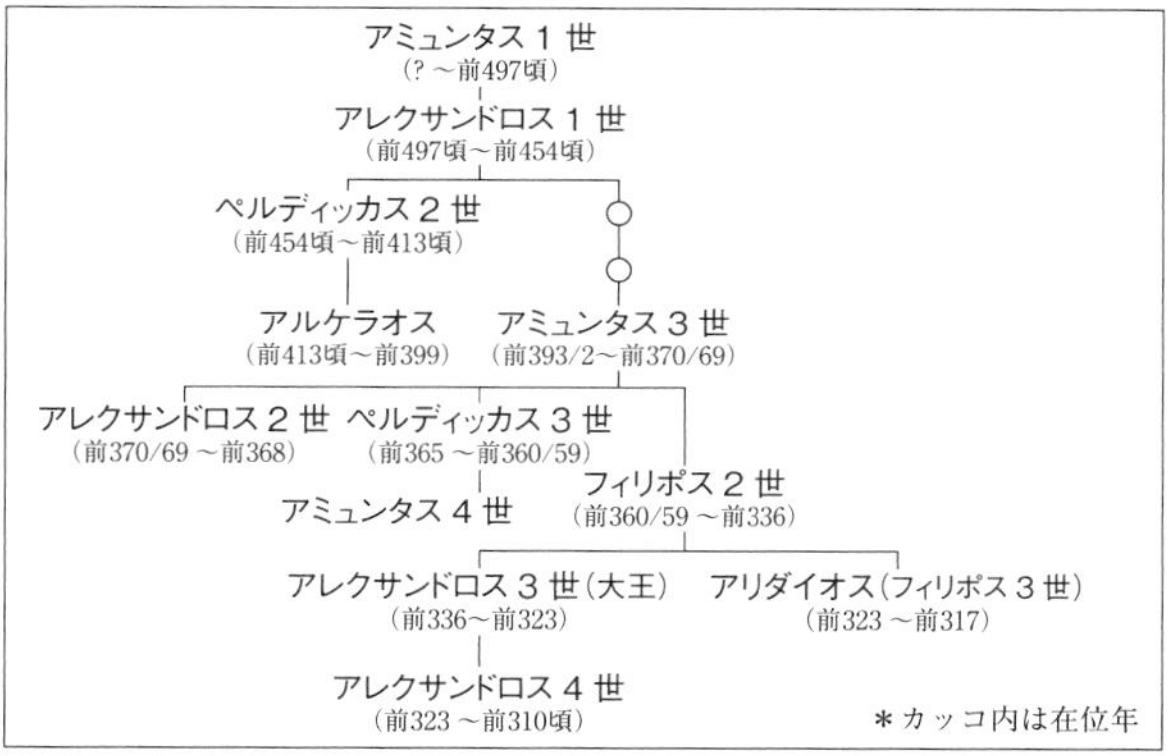

図8　マケドニア王家の系図

前四世紀前半のマケドニア

前三九九年にアルケラオスが暗殺されると、彼の築きあげた繁栄は瓦解《がかい》し、前三六〇／五九年にフィリポスが即位するまでの四〇年間、マケドニアは度重なる王位継承争いと外国勢力の侵入に悩まされる停滞期に陥ります。前三九九年からわずか数年の間に数人の王が並び立って国が乱れ、前三九三／二年にアミュンタス三世（在位前三九三／二〜前三七〇／六九）が即位したのちも、イリュリア、オリュントス、スパルタ、アテネ、テッサリア、テーベといった勢力に次々と翻弄《ほんろう》される苦難の時代が続きます。とりわけ、バルカン半島の北西部に住むイリュリアは、長年マケドニアにとって大きな脅威であり、アミュンタスは即位後まもなく、イリュリアの攻撃を受けて一時的に王国を追われています。その後アミュンタスは、イリュリアへの貢租《こうそ》の支払いと、イリュリアの血を引く王女エウリュディケとの政略結婚を通じて、王国の独立をかろうじて守り抜きました。このエウリュディケとアミュンタスの間に三番目の息子として生まれたのが、フィリポスです。

アミュンタスの後を受けて王位についた長男アレクサンドロス二世（在位前三七〇／六九～前三六八）は、その短い治世の大半をテッサリアへの外征に費やしましたが、当時急速に勢力を伸ばしていたテーベの介入を招き、テーベとの同盟の締結《ていけつ》に至ります。この同盟の保証として、王の末弟フィリポスがテーベに送られました。

まもなく、アレクサンドロス二世は王族の一人プトレマイオスに暗殺され、プトレマイオスが三年間マケドニアの実権を握ります。前三六五年、そのプトレマイオスを殺害して王位についたペルディッカス三世（在位前三六五～前三六〇／五九）は、直ちに弟フィリポスをテーベから呼び戻し、彼に領土を与えて軍事改革に着手させました。ペルディッカスはテーベやアテネと同盟を締結し、国内では財政改革を図るなど国力の回復に努めますが、前三六〇／五九年、イリュリアとの激戦で戦死を遂げました。この戦いは、四〇〇〇人以上ものマケドニア兵が戦死するという、マケドニアにとって未曾有《みぞう》の大敗北となり、この危機のただなかから、新王フィリポスの治世が幕を開けることになります。

従来、フィリポスの父や兄たちが王位にあった前四世紀前半は、マケドニアの低迷期・混乱期と考えられてきましたが、近年は、ペルディッカスの治世にはかなりの経済的な復興が見られたことが、貨幣史料などから確かめられています。彼が戦死を遂げたイリュリアとの戦いは、敗北に終わったものの、それまで貢租を払い続けるという宥和《ゆうわ》政策をとらざるをえなかったマケドニアがイリュリアに決戦を挑むだけの力を蓄えていたことの証《あかし》でもあります。こうしたペルディッカスの治世は、その後のフィリポスによるギリシア征服の基盤が築かれた時期であり、マケドニアの対外政策がそれまでの守勢から攻勢へと大きな転換を遂げたターニングポイントだったと言えるでしょう。

フィリポス二世による国家改造

兄ペルディッカスの後を継いでフィリポスが即位したときのマケドニアは、文字通り存亡の危機に瀕《ひん》していました。イリュリアはさらに大軍を集結してマケドニアへの進撃を図り、これに乗じてパイオニアもマケドニア領への侵攻の構えを見せ、国内では王位を狙う王族たちが外国の支援を得て続々と名乗りをあげました。そうした内憂外患《ないゆうがいかん》のただなかで即位した二三歳のフィリポスは、買収工作や政略結婚などの機略を駆使して外敵の動きを巧みに封じ、ライバルの王族たちを徹底的に排除していきます。こうして当面の危機を切り抜けた彼は、直ちに軍隊の育成に取りかかりました。

次節で詳しく見るように、フィリポスは精強な歩兵軍を創設し、歩兵と騎兵を連動させた機動性に富む大規模な常備軍をつくりあげていきます。そして即位から二年以内に、パイオニアとイリュリアを次々に撃ち破って国境を固め、上部マケドニアの部族王国を併合しました。さらに、ギリシア随一の金山として名高いパンガイオン山の本格的な開発に着手して財政基盤を整え、南のテッサリアや東のトラキアへ着々と勢力を伸ばし、快進撃を続けます。以後、圧倒的な兵力と卓絶した外交手腕を武器に、ギリシア制覇への道をひた走ることになるのです。

そうした征服事業と並行して、フィリポスの国家改造計画が本格的に進められていきます。彼が推進した根本的な国家改造の内実を物語る史料として、前三二四年、東方遠征を終えたアレクサンドロスがティグリス河畔《かはん》の町オピスでマケドニア人兵士たちを前に行ったとされる演説があります。アリアノスが伝えるこの演説のなかで、アレクサンドロスは父フィリポスの功業を次のように語っています。

フィリポスの目に映った当時の君たちの姿は、定まった家もなければその日の暮らしにもこと欠く、といった惨めなありさまだった。大方の者はその頃までまだ羊の毛皮を身にまとい、わずかばかりの羊の群れを山の上で放牧しながら、それらを後生大事に守って、イリュリア人だのトリバッロイ人だの、すぐ隣のトラキア人だのと、勝ち目の少ない苦しい戦を続けていたのだ。父はそんな君たちを見て、羊の毛皮の代わりに身につけるようにと外套《がいとう》を支給してやり、君たちを山から平地へと連れ出し、これからはもう山中の地の利に頼るのではなく、むしろ持ち前の勇気をこそ頼みとして、近くの蛮族とも十分に渡り合えるだけの勇者ぞろいに、君たちを鍛えあげた。また君たちを都市の住民としたうえ、立派な法や慣習を整備して都市を整えてもやったのだ。（中略）父はさらにトラキアの大部分をマケドニアの領土に加え、海沿いの地方のうちでもこのうえなく恵まれた土地を獲得して、わが国土のために通商の拠点を開き、また君たちが安んじて鉱山の採掘に従事できるようにもしてやったのだ。（アリアノス『アレクサンドロス大王東征記』第七巻九章二～三節、大牟田章訳）

この有名な「オピス演説」は、アリアノス自身の誇張や修辞が含まれてはいるものの、フィリポスによる国家改造の骨子をかなり正確に伝えていると考えられています。征服した地域に数多くの都市を建設したフィリポスは、住民を強制的に移住させ、森林伐採や湿地干拓を進めて農地を開拓し、さらに通商を促進するなどして、人々の生活様式を根底から変革したのです。マキアヴェリは、『ディスコルシ（政略論）』（一五一七年）のなかで「新君主は常にその規範をマケドニア王フィリポスにとらなければならない」と述べて、こうしたフィリポスの国家改造事業を称《たた》えています。

そうした国家改造の過程で、フィリポスは、部族王や豪族などの旧支配層から民衆を切り離し、旧支配層を首都ペラに集めて王に直接臣従するヘタイロイとして宮廷貴族化させる一方で、民衆にも土地を与え、彼らの忠誠心を確保していきました。

フィリポスは、こうしてマケドニア人を一つに統合し、マケドニア軍の兵力の供給源となる、均質な「マケドニア国民」を創出したのです。

マケドニアの軍隊

そうしたフィリポスによる国家改造事業の最大の成果が、彼の創設した「国民軍」です。

軍事改革を軸とするフィリポスの国家改造は、「国家を有した軍隊」と言われる一七〜一八世紀のプロイセンのそれにしばしばたとえられます。マケドニアも、フィリポスのもとで、まさに「国家を有した軍隊」へと変貌していったのでしょう。

フィリポスは、マケドニアでは発達が遅れていた重装歩兵を大々的に育成するとともに、それまでの軍の主力だった騎兵をさらに拡充しました。貴族層からなる騎兵たちは、「騎兵ヘタイロイ」と呼ばれます。フィリポスは、ギリシアの戦争では補助的な役割しか果たさなかった騎兵部隊を、重装歩兵と軽装歩兵を組み合わせた歩兵部隊と効果的に連動させることによって、機動性と柔軟性に富む精強な常備軍をつくりあげたのです。

図9　フィリポス2世。後3世紀のメダル。パリ、フランス国立図書館蔵

そうしたフィリポスの軍隊の中核をなすのは、ペゼタイロイと呼ばれる重装歩兵です。「歩兵ヘタイロイ」を意味するペゼタイロイは、もともとは王側近の近衛《このえ》歩兵の呼称でしたが、フィリポスの軍事改革の過程で、重装歩兵全体がペゼタイロイと呼ばれるようになりました。王に対する忠誠心や親近感を植えつけるため、「ヘタイロイ（朋友）」という名誉ある美称が一般歩兵

にも与えられたのです。それにともなって、もともとの近衛歩兵はヒュパスピスタイという精鋭部隊に再編されました。フィリポスの治世を通じて、王国の拡大とともに、ペゼタイロイもヒュパスピスタイも大幅に増員されていきました。アレクサンドロスの東方遠征出発時には、ペゼタイロイ九〇〇〇人、ヒュパスピスタイ三〇〇〇人という数が伝えられています。

フィリポスが創出した「マケドニア国民」が、そうした歩兵の供給源となりました。こうして、マケドニアの農民・牧人たちは、フィリポスに忠誠を誓い、彼の意のままに動く、「フィリポス個人に直結した軍隊」へと変貌していったのです。

フィリポスの軍事改革は、戦争の技術や様式の変革にも及びました。マケドニア軍はサリッサと呼ばれる著しく長い槍《やり》を装備し（五六頁のコラム1参照）、フィリポスによる厳しい訓練のもと、テーベのエパミノンダスが編み出した斜線陣を改良した戦術や、スキタイ人・トラキア人から取り入れた楔形《くさびがた》の陣形を駆使して戦う、無敵の戦闘集団へと成長していきました。さらにフィリポスは、戦争に際して荷車の使用を禁止し、兵士には武具や食糧を全て自分で運ばせ、従卒の人数を制限するなどして、輸送にあたる輜重《しちょう》部隊の規模を縮小し、軍の機動性とスピードを著しく高めることに成功しました。東方遠征においてしばしば見られるアレクサンドロスの驚くほどの行軍のスピードは、こうしたフィリポスの改革の賜物です。

ギリシア世界では農閑期である夏場しか戦争をしないのが慣例でしたが、フィリポスは、そうした戦争の形態をも変革していきます。アテネの弁論家デモステネスは、「戦争の方法ほど革命的に変化したものはない」と述べ、夏冬の区別なく年中戦闘を繰り返すフィリポスを痛烈に非難しています。

攻城兵器の開発も、フィリポスの重要な功績の一つです。前四世紀初頭に、シラクサの僭主ディオニュシオス一世がギリシア世界中から技術者を集めて弩弓《どきゅう》（大弓）型の投射兵器を発明し、攻囲戦術に革命を起こしました。その後、この新兵器の真価を見抜き、ディオニュシオス一世の事実上の後継者となったのが、フィリポスだったのです。彼はディオニュシオス一世の先例にならって多くの技術者をマケドニアに集め、各種の投射兵器や攻城塔、破城《はじょう》槌《つい》などの攻城兵器の開発を進めました。マケドニアの攻囲戦術は、結局、フィリポスの治世には目立った戦果を残すことはありませんでしたが、その技術者集団ごとそっくり受け継いだアレクサンドロスのもとで、見事に開花することになります。

こうしてフィリポスがその治世を通じて鍛え抜いたマケドニア軍は、ギリシア世界における最新鋭の軍事技術を集大成した戦闘集団です。この練達の軍隊は、アレクサンドロスという文字通り最高の継承者を得て、その威力を最大限に発揮することになるのです。

コラム1　サリッサは「超強力兵器」か？

マキアヴェリは、『戦術論』（一五二一年）のなかで「マケドニアの密集部隊は現代のスイス軍に今も生きており、それは長槍に全ての努力と可能性がかかっているのだ」と述べ、当時のスイスの長槍兵をマケドニアのサリッサ歩兵になぞらえています。

フィリポス二世の軍事改革を象徴する革命的な新兵器とされるのが、このサリッサと呼ばれる長槍です。彼は、歩兵の武器として、長さ四・五～五・五メートルの長槍を導入しました。先端に約五〇センチの鉄製の穂先をつけ、後端にも約五〇センチの石突きをつけてバランスをとる木製のサリッサの重さは、七キロ近くあります。歩兵はこれを両手で持つため、大型の丸楯を左手で持つ通常の重装歩兵と異なり、直径約六〇センチの小型の丸楯を肩から吊《つ》るしました。サリッサ歩兵の武装は通常の重装歩兵より軽装となり、これは経費の節減という意味もあったようです。サリッサ歩兵は密集隊形を組み、戦闘では前四列の歩兵がサリッサを水平に構え、五列目以降の歩兵はサリッサを斜め上方に向けて前進しました（図11）。こうしたハリネズミのような密集隊形は、敵を威嚇《いかく》するという視覚的な効果もあり、また、槍のリーチが長く敵との間に距離がとれるため、戦闘で敵と相対する恐怖を軽減できるという利点もありました。サリッサ歩兵の密集隊は、その威力を発揮できるのは平坦《へいたん》な戦場に限られ、側面や背後からの攻撃に弱いという限界がありましたが、フィリポスとアレクサンドロスのもとで、無敵の歩兵部隊として活躍しました。

以上が、サリッサについての一般的な理解です。しかし、近年の研究のなかで、こうした理解はかなり疑問視されるようになっています。

サリッサの最大の特徴は、約五メートルにも及ぶその長さですが、長い槍自体はトラキアやエジプトに古くから見られ、前四世紀初頭にアテネの将軍イフィクラテスが編制した軽装兵部隊も長槍を備えており、フィリポスの画期的な発明とは言えません。では、サリッサ歩兵がハリネズミのような密集隊形を組んで攻撃したその戦闘方法こそがフィリポスの独創になるものかというと、実は、フィリポスやアレクサンドロスの時代におけるサリッサ歩兵の戦闘方法について明確に伝えてい

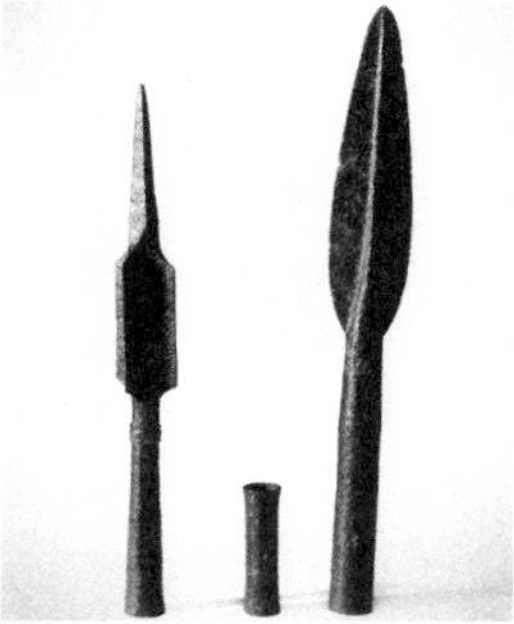

図10　サリッサの穂先（右）・ソケット（中）・石突き（左）。前4世紀第3四半期。ギリシア、ヴェルギナ考古学博物館蔵

図11　サリッサ歩兵の密集隊の想像復元図

る史料はありません。右に述べたハリネズミのような密集隊形による攻撃態勢というのは、サリッサ歩兵が戦争の主力となった前二世紀初頭の戦闘について歴史家ポリュビオスが記しているものにすぎないのです。

サリッサそのものについても、その長さ、木製の柄の材質（ミズキかトネリコか）、穂先の大きさと形状、石突きの有無と機能、二分割した槍の柄をつなぎ合わせたとされるソケットの機能、全体の重さなどをめぐって、議論が絶えません。サリッサを特徴づけるその巨大な穂先についても、通常の重装歩兵の槍の穂先と大差ない小ぶりのものだったとする見解も、近年増えています。

また、マケドニアの歩兵は全員がサリッサを携行していたわけではなく、通常の重装歩兵と同じく二メートル程度の突き槍を持って戦う歩兵も数多くいました。さらに、カイロネイアの会戦も含め、フィリポスの治世にサリッサが戦闘で使用されたという明確な証拠はないため、その導入年代も、フィリポスのギリシア征服においてサリッサが果たした役割も、定かではありません。アレクサンドロスの東方遠征に関する史料でも、サリッサと通常の槍が区別されずに言及されていることが多いため、実際の戦闘でどれほどサリッサが用いられていたのかは、判然としないのです。

となると、果たしてサリッサは、フィリポスのギリシア征服やアレクサンドロスの東方遠征において絶大な威力を発揮した画期的な「超強力兵器」と言えるのか、大いに疑わしくなってきます。

マケドニアの社会

古代ギリシアの社会を「アゴン（競争）社会」と名付けたのは、『ギリシア文化史』で名高い一九世紀のスイスの歴史家J・ブルクハルトですが、ギリシアの人々はとにかく競争好きです。ナンバーワンになることをめざし、互いに全力で競い合う。ただ純粋に勝ちを競うこのアゴン精神がギリシアの市民社会の原動力でしたが、マケドニアの社会は、それを上回る、とてつもなく競争的な世界だったと言われます。こうしたマケドニアの競争的な価値観は、次章以降で見るフィリポスとアレクサンドロスの関係の重要な背景を形づくることにもなります。

フィリポスによる王国の拡大の過程で、ヘタイロイと呼ばれる貴族層の数も飛躍的に増えていきましたが、「個人的君主政」とも言われるマケドニアの王政において、ヘタイロイの任命や出世は全て王一人の意のままだったため、彼らは王の寵愛《ちょうあい》を求めて激しく競い合いました。その競争の主たる場となったのが、狩猟と饗宴《シュンポシオン》です。アレクサンドロスも、東方遠征のさなかにたびたび狩猟を行い、饗宴を催しています。

豊かな森林にライオンや野猪《やちょ》、鹿などの野性動物が多数棲息《せいそく》するマケドニアでは、狩猟は単なる娯楽ではなく、戦闘の訓練の場でもありました。のみならず、狩猟は饗宴と同様、王とヘタイロイの日常的な交流の場、ヘタイロイのキャリア形成の場としても重要で、ヘタイロイはこうした場で頭角を現して王の寵を得ようと、熾烈《しれつ》な争いを繰り広げました。

饗宴は、評議会のような公式の協議機関の存在しないマケドニアにおいて、王が新しい政策や戦略についてヘタイロイと協議するための場でもありました。そうした非公式の政治の場で、王の寵を求めるヘタイロイ同士のつばぜり合いは、なおいっそう苛烈《かれつ》なものとなります。また、マケドニア人の痛飲《つういん》ぶりは有名で、饗宴はしばしば、酩酊《めいてい》した王やヘタイロイによる騒動や流血事件の場にもなりました。

マケドニアには、ヘタイロイの子弟のなかから選抜され、十代半ばから数年間王の身近に仕えて日常的な奉仕を行う、「近習《きんじゅ》」と呼ばれる少年たちがいます。この制度は、将来の優秀なエリートを育成するための養成機関の役割を果たしていました。ヘタイロイたちはこうして、少年時代から王に対する忠誠心とマケドニア特有の競争的な価値観を植えつけられていったのです。

この近習制度は、饗宴と並んで、同性愛関係の温床《おんしょう》でもあったようです。マケドニアでは、ギリシア世界と同じく、男性同士の同性愛関係は社会の重要な絆《きずな》の一つでした。マケドニアの宮廷では、同性愛のもつれがしばしば王の暗殺事件にまで発展したといいます。前三九九年にアルケラオスを暗殺したのは彼の愛人の男性だったと伝えられ、フィリポスを暗殺した側近護衛官パウサニアスも、かつて彼と同性愛関係にあったと言われます。こうしたマケドニアの状況を、「制度化された同性愛」と呼ぶ歴史家もいます。

アレクサンドロス自身についても、親友へファイスティオンやペルシアの宦官《かんがん》バゴアスと同性愛関係にあったことを示唆《しさ》する史料があります。しかし、近代以降の歴史研究においてはアレクサンドロスを理想の英雄として美化する傾向が強まり、二〇世紀前半には彼の同性愛嗜好《しこう》を全否定する研究も現れました。こうした傾向は現在も根強く見られますが、「制度化された同性愛」とも言われるマケドニアの長年の風潮のなかで、アレクサンドロス一人が同性愛から距離を置いていたとは考えにくいでしょう。彼もまた、そうした伝統に身を浸していたと見るべきです。

ペルシアの影響

近年の研究では、こうしたマケドニアの社会や国制にペルシアの影響が強く見られることが、とみに強調されています。

すでに見たように、マケドニアは前五世紀前半のペルシア戦争の際、十数年間ペルシアに服属していました。その後の両国の関係は、フィリポスの治世に至るまで全く史料に現れないのですが、ギリシアのポリス世界とペルシアの間に密な交流が続いていたことを考えると、ペルシアとマケドニアの関係も、決して途絶えはしなかったようです。フィリポスの治世には、ペルシアの使節がたびたび彼の宮廷を訪れたことが伝えられています。さらに、ペルシア王に反旗を翻《ひるがえ》した小アジアの総督アルタバゾスが一族ともどもフィリポスの宮廷に亡命し、数年間マケドニアに滞在していたことも知られています。こうした交わりを通じて、マケドニアにペルシアの影響がかなり及んでいたであろうことは、想像に難《かた》くありません。

とはいえ、マケドニアの慣行のうちの何がペルシアの影響によるものかについては、歴史家の見解は様々です。本書の冒頭で触れたヴェルギナ2号墓の狩猟図は、人工的につくられた狩猟庭園《パラデイソス》での狩りの場面を描いていますが、こうした狩猟庭園は、明らかにペルシア起源のものです。また、前三四一年にトラキア地方を制圧したフィリポスは、この地域の統治のためにトラキア総督を任命していますが、これは、ペルシアの総督制に範をとったものでしょう。さらに、ヘタイロイ制度や近習制度、王家の一夫多妻制、ヒュパスピスタイ部隊、フィリポスが創設した書記官職などにも、ペルシアの影響が認められると指摘されています。

もっとも、制度や慣行の「類似」は、必ずしも「影響」を意味するわけではありません。マケドニアにペルシアと似た制度や慣行が認められるからといって、それらを全てペルシアからの影響と断ずるのは慎重にならなければなりませんが、前五世紀初頭以来のペルシアとの関係を考えれば、マケドニア王家にとって、ペルシアの宮廷が格好のモデルとなったのは確かでしょう。アレクサンドロスとマケドニア人将兵が東方遠征の過程で出会うペルシアの文化や慣行は、彼らにとって、決して奇異なものではなかったのです。

ギリシア制覇への道のり

フィリポスのギリシア征服に話を戻しましょう。

フィリポスが創設したマケドニア国民軍は、数々の戦勝をもたらしましたが、彼のギリシア征服は、そうした強大な武力だけで成し遂げられたわけではありません。彼は周辺諸民族の王女との政略結婚を重ね、金品で敵を買収し、外交交渉を巧みに操って勢力範囲を着々と広げました。また、オリュンピア祭の騎馬競走や戦車競走に持ち馬を送り込んでたびたび優勝を収め、その優勝を記念する貨幣を発行して、「ギリシア人の祭典」での勝利を盛んに喧伝しました。権謀術数に長《た》けたフィリポスのギリシア征服は、的確な情勢判断のもとに種々の手段を自在に使い分けて進められる、計算し尽くされた事業だったのです。

フィリポスは、アテネとの争いの的になっていたエーゲ海北岸の要衝《ようしょう》アンフィポリスを前三五七年に攻略したのち、ギリシア北部におけるアテネの拠点を次々と手中に収め、さらにテッサリアやトラキア、エペイロスへ着実に勢力を伸ばします。前三五二年には、テッサリア連邦の最高官職につくことに成功しました。前三四八年にはカルキディケ連邦の中心都市オリュントスを陥落させ、これを徹底的に破壊してギリシア世界に大きな衝撃を与えました。

フィリポスがギリシア中・南部に勢威を振るう契機となったのは、第三次神聖戦争（前三五六～前三四六年）への介入です。全ギリシア的な神域デルフォイをめぐるテーベとフォキスの対立に端を発し、ギリシアの主要国を巻き込みながら一〇年にわたって争われたこの戦争は、フィリポスの手で終結を見ました。ギリシアの宗教的プロパガンダを巧みに利用するフィリポスは、このとき、「デルフォイのアポロン神の擁護者」というイメージを最大限にアピールして参戦し、戦闘ではアポロン神のシンボルである月桂樹《げっけいじゅ》の冠を兵士たちにつけさせています。戦争を終結させた彼はデルフォイの隣保同盟《アンフィクテュオニア》の主導権を獲得し、以後の覇業にいっそう拍車がかかることになりました。前三四〇年代後半には、ペロポネソスやエウボイアへの勢力伸長に乗り出し、前三四一年にはトラキアの最終的な制圧にも成功しました。

アテネの弁論家デモステネスは、前三四〇年代を通じて反フィリポスの論陣を張っていましたが、前三三九年、ついにその努力が功を奏してアテネとテーベの同盟が成立します。そして翌前三三八年夏、アテネとテーベを中心とするギリシア連合軍とマケドニア軍の決戦が行われました。歴史上名高い、カイロネイアの会戦です。戦いは、マケドニア軍の圧倒的な勝利に終わりました。フィリポスの巧みな戦略、そして、彼が心血を注いで育てあげたマケドニア国民軍がもたらした勝利でした。こうしてフィリポスは、これまで何ぴとも成し遂げることのできなかったギリシア征服に成功し、ギリシア世界の覇者となったのです。

続いてフィリポスは、スパルタを除く全ギリシア諸国の代表をコリントスに招集して会議を開き、コリントス同盟を結成します。この同盟は、マケドニアの覇権下におけるギリシア世界の新たな秩序維持機構であり、また、マケドニアとの軍事協力機構でもありました。同盟の総帥の地位についたフィリポスは、同盟の名のもとに、ペルシアへの遠征を決定します。ペルシア戦争の際のギリシア侵寇《しんこう》に対する報復と、前三八六年の「大王の和約」以来ペルシアの支配下に置かれた小アジア西岸のギリシア人都市の解放が、この遠征の目的として掲げられました。こうした大義名分をギリシア人たちがどれほど真剣に受けとめたのかはわかりませんが、フィリポスにとっては、征服戦争という実体を覆い隠すための格好のスローガンだったと言えます。

マケドニアに帰国したフィリポスは、直ちに遠征の準備に取りかかり、前三三六年春には重臣のパルメニオンやアッタロスらを指揮官とする約一万人の先発部隊を小アジアに送り込みます。そしていよいよ、フィリポス自らが率いる本隊の出発を待つばかりとなりました。

ところが、まもなくフィリポスは古都アイガイで暗殺者の凶刃に倒れ、唐突に、四六年の生涯を閉じます。志半ばで逝《い》ったフィリポスの計画は息子アレクサンドロスへと受け継がれ、そして彼のもとに、三大陸にまたがる広大な「世界帝国」が出現することになるのです。

なぜギリシアを征服できたのか

即位から二〇年余でギリシア世界の覇者の座にのぼりつめるに至ったフィリポスですが、彼は、最初からギリシア世界全体の征服を意図していたのでしょうか。彼は何をめざしていたのでしょうか。歴史家たちの間では様々な議論があります。フィリポスは即位当初からペルシアへの遠征をも見据《みす》えたマスタープランを策定していた、と考える歴史家もいますが、少なくとも、彼が即位した頃のマケドニアは、とうていギリシアの覇権を握ることなど望むべくもなかったのは確かでしょう。

フィリポスは富国強兵策を推し進めて国力の増強を図り、イリュリアの脅威の除去、テッサリア、トラキア方面への領土の拡張といった、前王たちが果たせなかったことを一つ一つ着実に実現していきました。これが、結果的にフィリポスをますますギリシア世界へ深入りさせることになり、彼はギリシア征服の階段を一段一段のぼっていったのです。

フィリポスが創設した大規模な国民軍が、そうした征服事業の拡大をもたらした最大の要因だったとも言えます。フィリポス研究における一つの画期をつくったオーストラリアの歴史家J・R・エリスは、マケドニア国民軍の存在が征服事業へ向けての「下からの圧力」となり、フィリポスにさらなる対外遠征を促した、と論じています。つまり、フィリポス自身が生み出した国民規模の軍隊が、その膨大《ぼうだい》なエネルギーのはけ口としてギリシア征服やペルシアへの遠征を必要とした、というのです。エリスはそうしたマケドニア国民軍を「放たれた虎」と呼んでいますが、その「放たれた虎」の膨張主義は、「国家を有した軍隊」と化したマケドニア王国の、いわば必然だったのかもしれません。

それにしても、フィリポスはなぜ、それまで誰も果たせなかったギリシア制覇を成し遂げることができたのでしょうか。これについても様々に論じられていますが、ヴェルギナの発掘以来活況を呈《てい》しているフィリポス研究においては、ギリシア制覇の成功をもっぱら彼個人の才覚に帰する傾向が強く見られます。もちろんギリシア制覇は、フィリポスの鬼才なくしてはありえませんでした。しかし、前四世紀半ばのギリシア世界が「勢力の真空状態」とも言うべき状況にあったこと、マケドニアが広く肥沃《ひよく》な国土と豊かな天然資源という大きなポテンシャルを有していたことも、忘れてはなりません。さらに、建国伝説の喧伝、ギリシア文化の受容、木材交易などを通じてギリシア世界へ参入しようとしたマケドニア王たちの長年の努力が、フィリポスのもとでようやく実を結んだという見方もできます。アレクサンドロスの東方遠征も、そうした努力の延長線上にあるものとしてとらえるべきでしょう。

第3章　アレクサンドロスの登場

「英雄」の誕生

のちに「大王」と呼ばれるアレクサンドロスが誕生したのは、前三五六年七月、ちょうど父フィリポス二世のギリシア征服が軌道に乗り始めた頃のことでした。母は、マケドニアの西隣に位置するエペイロス地方のモロッソイ王国の王女オリュンピアスです。フィリポスとオリュンピアスの結婚は、マケドニアとモロッソイが共通の敵であるイリュリアに対抗して同盟を結ぶための政略結婚でした。

アレクサンドロスの生誕をめぐっては、数々の逸話《いつわ》や伝説が後代に流布《るふ》しています。小アジアのエフェソスにあるアルテミス神殿がアレクサンドロス誕生の当日に炎上しますが、これは、出産の守り神である女神アルテミスがアレクサンドロスの誕生にかかりきりで、自分の神殿をほっておいたためとされました。また、オリュンピアスは結婚式の前夜に、雷が自分の腹に落ち、そこから大きな炎があがり、あたり一面に燃え広がって消えた、という夢を見たと伝えられています。雷を起こすのは最高神ゼウスですから、この夢は、彼女がゼウスと交わって身ごもったことを暗示します。アレクサンドロスは東方遠征のさなかに「神の子」という自覚を強めていったとされるので（一一八頁《ページ》参照）、これは、のちに彼自身が広めた伝承でしょう。

歴史上の傑物によくあるように、幼少の頃のアレクサンドロスが並外れた俊秀だったことを伝える様々な逸話があります。ローマ時代の作品のなかでは、プルタルコスの『アレクサンドロス伝』だけが、彼の幼少期についてまとまった記述を残しています。プルタルコスは、足の速いアレクサンドロスに周囲の人々がオリュンピア祭のスタディオン競走への出場を勧めたところ、彼が「王たちが競走相手になるならばね」と言い放ったという話や、マケドニアの宮廷を訪れたペルシアの使節団にアレクサンドロスが鋭い質問を次々に浴びせて彼らを感嘆させた話を伝えています。なかでも最も有名なのは、名馬ブケファラスとの出会いのエピソードでしょう。ブケファラスは誰も乗りこなすことのできない荒馬でしたが、アレクサンドロスは、この馬が自分の影の動きを怖がって暴れているのを見抜き、見事に調教してみせて、父フィリポスを歓喜させた、といいます。このブケファラスはアレクサンドロスの生涯の愛馬となり、彼は東方遠征の全ての戦闘でブケファラスに乗って戦いました。前三二六年にブケファラスがインドで死ぬと、アレクサンドロスはブケファラという都市を建設してその死を悼《いた》んでいます。

母オリュンピアス

父フィリポスが一年の大半は戦場にあったため、少年時代のアレクサンドロスは、母オリュンピアスの強い影響のもとに育っていきました。

オリュンピアスについての情報量の多さは、古代ギリシア・ローマの女性のなかで群を抜いています。それは何よりも、アレクサンドロスの実母であることに由来しますが、古代の史料には、オリュンピアスを稀代《きたい》の悪女として描く傾向が強く見られます。そうした彼女のネガティヴなイメージは、男性の視点からのジェンダー・バイアス、ギリシア側の史料におけるマケドニアの慣行への無理解、そしてとりわけ、アレクサンドロス死後の後継者戦争期にオリュンピアスが政治の前面に立ち、後継武将の一人カッサンドロスと激しく争ったことに起因します。最終的にカッサンドロスは、前三一六年にオリュンピアスを裁判にかけて処刑しますが、その際、

図12　オリュンピアス。後3世紀のメダル。ボルティモア、ウォルターズ美術館蔵

「アレクサンドロスの実母」を手にかけることを正当化するため、彼女を誹謗中傷《ひぼうちゅうしょう》するプロパガンダを大々的に流したのです。オリュンピアスを残忍きわまりない悪女として描く史料の多くは、このときのカッサンドロスの政治的プロパガンダに大きく歪《ゆが》められていることに留意しなければなりません。

少年時代のアレクサンドロスは、「皇太子」という明確な地位にあったわけではなく、母オリュンピアスも、フィリポスの「正妃」や「第一王妃」という確固たる地位を占めていたわけではありません。マケドニア王家は、厳格な一夫一婦制をとるアテネのようなポリス世界と異なり、一夫多妻制です。フィリポスは生涯で七人の妻を娶《めと》りましたが、オリュンピアスはその四番目(もしくは五番目)の妻でした。ここ数十年の研究のなかで、王の妻たちの間に正妻と側室という区別はなかったこと、さらに、長子相続制は確立しておらず、王位継承はその時々の状況に左右される極めて流動的なものだったことが明らかになっています。マケドニアで王が死ぬたびに激しい王位継承争いが起きて国が乱れたのは、こうした流動的な状況に起因します。

そうしたなかで、母にとっては息子の王位継承こそが自分の地位を保証するものであり、息子にとっては母が最大の後ろ楯《だて》となります。母と息子の利害は常に一体であり、二人は、いわば運命共同体です。オリュンピアスは息子に終始濃密な愛情を注ぎ、アレクサンドロスも母に孝養を尽くしますが、それをマザコンなどと断ずるのは当を得ません。こうした強い絆《きずな》はこの母子に限ったことではなく、マケドニア王家の一夫多妻の世界ではごく自然なことだったのです。アレクサンドロスが東方遠征に出発したのち、二人は二度と会うことはありませんでしたが、ひんぱんに手紙を交わし、アレクサンドロスも遠征先から母に戦利品を贈るなど、その強い絆は終生変わりませんでした。

もっとも、フィリポスには息子が二人しかおらず、もう一人の息子アリダイオス（三番目の妻フィリンナの息子）は知的障害を持っていたと伝えられるため、アレクサンドロスがさしあたり唯一の王位継承の候補者と目されていたのは確かなようです。なお、アリダイオスが障害者となったのは、幼い頃にオリュンピアスに毒を盛られたからだという伝承もありますが、これもおそらく、先に触れたカッサンドロスによる反オリュンピアスのプロパガンダに由来するものでしょう。

母オリュンピアスの強い影響下で育ったアレクサンドロスは、その母から「アキレウスの血統」を受け継ぎます。マケドニア王家が英雄ヘラクレスに連なる神話的系譜を喧伝《けんでん》していたことはすでに触れましたが、オリュンピアスが生を受けたモロッソイの王家も、同じように、トロイ戦争の勇将アキレウスの末裔《まつえい》を自称していたのです。つまりアレクサンドロスは、父方からヘラクレス、母方からアキレウスという、ギリシア神話の二大英雄の血を引くことになります。オリュンピアスが息子の少年時代の教師に選んだリュシマコスは、アレクサンドロスをアキレウスと呼び、自分をアキレウスの教師フォイニクスになぞらえたといいます。

「もう一人の父」アリストテレス

征服戦争に明け暮れるフィリポスは不在がちでしたが、決して息子の教育に無関心だったわけではありません。前三四三年、アレクサンドロスが一三歳になると、フィリポスは、当時小アジアに滞在していた哲学者アリストテレスを息子の教師に迎えました。

カルキディケ半島の田舎町スタゲイラに生まれたアリストテレスは、父ニコマコスがマケドニア王アミュンタス三世の侍医だったという縁から、幼少期よりマケドニア王家と密接な関係にありました。彼はアテネのプラトンの学園アカデメイアで学問に励んだのち、小アジアに移り住み、アタルネウスの僭主《せんしゅ》で友人のヘルメイアスのもとに身を寄せていました。アレクサンドロスの教師としてマケドニアに招聘《しょうへい》されたのは四一歳のときで、ギリシア随一の学者として大成するのは、まだ先のことです。

こうして後年の大征服王と知の巨人が劇的な出会いを果たすわけですが、そもそもフィリポスは、なぜアリストテレスを息子の師に選んだのでしょうか。アリストテレスの友人のヘルメイアスは、前三四一年頃、ペルシア王によって裏切者として処刑されています。そこで、前三四三年当時、ペルシアへの遠征計画のために小アジアにおける足場を欲していたフィリポスと、ペルシア王から身を守る必要に迫られていたヘルメイアスが、アリストテレスを介して政治的な密約を結んだのではないか、としばしば推測されています。かのアリストテレスがフィリポスの策謀に一枚噛《か》んでいた、というのは実に面白いですが、残念ながら、彼が果たしたとされるこうした「政治的使命」を実証するのは難しいようです。

マケドニアでは、首都ペラから離れた郊外のミエザに学問所が設けられ、アレクサンドロスは同年代の貴族の子弟たちとともに、三年間アリストテレスのもとで勉学に励みました。「万学の祖」と言われるアリストテレスの教えは、哲学、政治学、文学、弁論術から幾何学や医学に至るまで、実に広い範囲に及んだようです。十代前半のアレクサンドロスがこの碩《せき》学《がく》による薫陶《くんとう》からいかなる影響を受けたのかについては、様々に論じられてきましたが、その後の彼の政策や思想にはアリストテレスの訓育のさしたる影響は見られない、という議論が主流になっています。アリストテレスは異民族に対して明確な差別意識を持っていましたが、アレクサンドロスが東方遠征中に進めていったペルシアの人々との協調政策は、師の教えとは根本的に相容《あいい》れないものです。

ただし、アレクサンドロスの終生にわたる学問や文化への愛好、とりわけ自然科学への強い関心は、まぎれもなくアリストテレスの感化によるものだったようです。アレクサンドロスはホメロスの叙事詩『イリアス』を愛好し、アリストテレスが校訂した写本を東方遠征に携え、常に枕の下に置いていたといいます。また、彼は東方遠征に数多くの学者を随行させ、遠征した先々の土地の風土や動植物の研究を奨励していますが、これはまさしく、当時自然科学の研究に没頭していた師アリストテレスの影響でしょう。

その後の二人の関係がどのようなものだったかについても諸説ありますが、アリストテレスの親戚にあたる歴史家カリステネスが東方遠征中の前三二七年にアレクサンドロスによって処刑されたことで、二人の間に決定的な亀裂が入ったのは確かなようです。遠征を終えたアレクサンドロスがバビロンで急死したとき、アリストテレスが毒殺したという噂《うわさ》が流れたのも、そうした背景によるものです。

両者の師弟関係は、現実にはいかなるものだったにせよ、ヘレニズム時代・ローマ時代には大いに潤色《じゅんしょく》され、美化されるようになりました。アリストテレスが遠征途上のアレクサンドロスと交わしたとされる書簡や彼のために書いたとされる論説がいくつか残っていますが、それらの多くも、こうした風潮のなかで創作された偽書と考えられています。

二人の関係を理想視する傾向は、イスラーム世界においてとりわけ加速します。イスラーム世界では、九世紀初頭からアッバース朝のもとでアリストテレス哲学のアラビア語への翻訳事業が大々的に進められましたが、アリストテレスがアレクサンドロスに宛《あ》てたとされる書簡は、それに先立ってすでに八世紀前半からウマイヤ朝のもとでアラビア語に訳され、広く流布していたようです。第6章で見るように、アレクサンドロスはイスラーム世界で理想の君主、哲人王として神聖視されますが、アリストテレスは、そうした哲人王アレクサンドロスに知を授けた偉大なる賢者として称揚されていくことになります。

図13　アレクサンドロスとアリストテレス。13世紀のイスラームの写本挿絵。ロンドン、大英図書館蔵

「父フィリポスからは生を受け、アリストテレスからは良き生を受けた」。これは、後年のアレクサンドロスの言葉としてプルタルコスが伝えているものですが、この言

葉は、イスラームの教訓文学で広く引用される格言になりました。二人は、賢者と賢王、大哲学者と大征服王という理想の師弟として、イスラーム世界に定着していったのです。

父を模倣する

前三四〇年、フィリポスは一六歳になった息子をペラに呼び戻し、国事を分担させました。アレクサンドロスはすぐさま、卓抜《たくばつ》な才能を発揮します。トラキア地方のマイドイ人が反乱を起こすと、遠征中の父に代わって留守をあずかっていた彼は直ちに軍を率いて出動し、首尾よくこれを鎮圧しました。この初陣の記念として新たに都市を建設し、自らの名を冠してアレクサンドロポリスと名付けています。これは、フィリッピやフィリッポポリスなど、自身の名をつけた都市をギリシア征服の過程で盛んに建設していたフィリポスの、明らかな模《も》倣《ほう》です。

そんな二人の父子関係は、どのようなものだったのでしょうか。プルタルコスは、前述のブケファラスとの出会いのエピソードにおいて、アレクサンドロスが荒馬を乗りこなすさまを見て、喜びのあまり涙を流して息子に接吻《せっぷん》するフィリポスを描いています。さらに、「フィリポスは息子を非常にかわいがり、マケドニア人がアレクサンドロスを王と呼び、フィリポスを将軍と呼ぶのを喜ぶほどであった」と述べ、息子の卓越した器量を手放しで称《たた》える父親の姿を綴《つづ》っています。またアレクサンドロスは、父の連戦連勝の報《しら》せを聞くたびに、「父上は何もかも先に取ってしまわれて、私には立派な仕事は何一つ残して下さらない」と友人たちにこぼしたといいます。

プルタルコスが伝えるこうしたエピソードは、アレクサンドロスの卓抜な才能をことさら強調しようとする意図が明確ですが、これらのエピソードを見る限り、父子の関係はおおむね良好なものだったようです。後述するように、フィリポス暗殺へのアレクサンドロスの関与が歴史家たちの関心を集めたため、二人の関係が早くから悪化していたと見なされがちですが、フィリポスの晩年に至るまで、そうした兆候は認められません。少年時代のアレクサンドロスにとっては、父フィリポスこそが、まずもって範とすべきロールモデルだったのでしょう。

前三三八年のカイロネイアの会戦では、フィリポスは、マケドニア軍左翼の騎兵部隊の指揮をアレクサンドロスに委《ゆだ》ねました。一八歳のアレクサンドロスは果敢《かかん》に攻め込み、ギリシア世界で不敗を誇ったテーベの三〇〇人の精鋭部隊「神聖隊」を撃砕する武勇を打ち立て、マケドニア軍の勝利に大きく貢献しました。彼のそうした傑出した軍事的手腕は、その後の東方遠征の過程でいかんなく発揮されることになります。

フィリポスは、カイロネイアの会戦でギリシア連合軍の中心となったアテネと、極めて寛大な条件で講和を結びます。彼はこの講和締結《ていけつ》のためにアテネに使節を派遣して、アテネ側の戦死者の遺骨を返還しました。その使節に任命されたのが、アレクサンドロスと重臣のアンティパトロスです。アレクサンドロスがアテネを訪れたのは生涯でこの一度きりですが、ギリシア文化に深く傾倒《けいとう》していた彼が憧れの「学芸の都」アテネの地を踏んだときの感激は、想像に難《かた》くありません。

「お家騒動」

こうして父フィリポスの事実上の後継者として順調に歩んでいたアレクサンドロスでしたが、前三三七年、フィリポスがマケドニア人貴族の娘クレオパトラを七番目の妻に迎えた頃から、雲行きがあやしくなります。フィリポスのこれまでの六回の結婚は、いずれもギリシア征服の過程での周辺諸民族の王女との政略結婚でしたから、マケドニア人貴族の女性との結婚は異例中の異例です。なぜフィリポスがこのタイミングで新しい妻を娶ったのかについては様々に論じられていますが、この結婚がマケドニアの貴族層と王家の連携を強化するものとして、貴族たちから歓迎されたのは確かでしょう。

ともあれ、この新しい結婚によって、オリュンピアスとアレクサンドロスが直ちに窮地に陥ったわけではありません。かつては、このときオリュンピアスは「離縁」されたと見る見解が大勢を占めていましたが、これは、マケドニア王家の一夫多妻制についての無理解からくる誤解です。また、クレオパトラが男児を生めば、その子が将来アレクサンドロスのライバルになることはあっても、この時点でアレクサンドロスが王位継承から排除されたわけでもありません。

しかし、この結婚を祝う饗宴《きょうえん》において、事態は大きく動きます。プルタルコスによれば、この宴で、クレオパトラの伯父で後見人のアッタロスが、列席の人々に向かって「フィリポスとクレオパトラから王国の正統の世継ぎが生まれるように祈ろう」と呼びかけたといいます。これに激昂《げっこう》したアレクサンドロスは、「貴様は私を妾《めかけ》の子とでも言うのか」と叫び、盃《さかずき》をアッタロスめがけて投げつけました。するとフィリポスはアレクサンドロスに怒りを向け、剣を抜いて息子に斬りかかりますが、酩酊《めいてい》していたためすべって転んでしまいます。アレクサンドロスはそんな父に嘲《あざけ》りの言葉を吐き、まもなく母オリュンピアスを連れてマケドニアを出奔《しゅっぽん》しました。

このエピソードに見られる「正統の世継ぎ」や「妾の子」といった文言は、一夫一婦制をとっていたギリシア人の発想であり、脚色されていると見るべきですが、この祝宴においてアッタロスがアレクサンドロスを公然と侮辱したこと、そしてフィリポスがその侮辱を容認し、アッタロスに肩入れしたことは、おそらく確かでしょう。こうして父子の間に亀裂が生じ、翌年のフィリポスの暗殺へと至る「お家騒動」の幕があがるのです。

フィリポス二世の暗殺

父と決裂してマケドニアを飛び出したアレクサンドロスは、ほどなく父と和解して帰国しましたが、オリュンピアスはその後も故国モロッソイの宮廷にとどまりました。

そうしたなかで、翌前三三六年、ペルシアへの遠征の出発を目前に控えたフィリポスは、オリュンピアスとの間の娘クレオパトラと、オリュンピアスの弟のモロッソイ王アレクサンドロスの縁組みを整えます。叔父と姪《めい》の結婚です。オリュンピアスにとって実の娘と弟の結婚となるこの縁組みには、オリュンピアスとの関係修復を図るというフィリポスの狙いもあったのでしょう。

ギリシア全土から多くの賓客《ひんきゃく》を招いて旧都アイガイで盛大に執り行われた二人の婚礼の祝

典は、ギリシア世界の覇者となったフィリポスが自らの権力と名声をギリシア人たちにまざまざと見せつける場であり、同時に、ギリシア人のための報復戦争と銘打《めいう》たれた東方遠征の出陣式のような祝典でもありました。娘の婚礼とはいうものの、主役は、まぎれもなくフィリポス自身でした。そして、この華々しい祝典が、その後の歴史の流れを大きく変える暗殺劇の舞台となったのです。

その日、アイガイの宮殿の北に隣接する劇場で、音楽の競演会が予定されていました。フィリポスは、息子と花婿、二人のアレクサンドロスを左右に従えて劇場に入場します。そしてフィリポスが玉座に向かって歩き出したとき、側近護衛官のパウサニアスが彼のそばに駆け寄り、隠し持っていた短剣で彼の胸元を刺し貫きました。フィリポスは、即死でした。逃走したパウサニアスは直ちに取りおさえられ、その場で処刑されました。

この白昼の暗殺劇は、一九六三年のアメリカのケネディ大統領暗殺事件を思い起こさせます。ともに、権勢の絶頂における、衆人環視のなかでの暗殺。フィリポスもケネディも、奇《く》しくも同じ四六歳でした。

ローマ時代の史料では、暗殺の実行犯であるパウサニアスはかつてフィリポスと愛人関係にあり、その同性愛関係のもつれから犯行に及んだとされます。そうした私怨《しえん》を抱いていたパウサニアスによる単独犯行なのか、それとも、彼を背後で操ったり、そそのかしたりした「共犯者」や「黒幕」がいたのでしょうか。

フィリポス暗殺は、人々の想像をかき立てずにはおかない事件であり、今日においても興味の尽きない研究テーマです。事件の真相をめぐっては、古代から様々に取り沙汰されていましたが、すでに事件当時から、アレクサンドロスとオリュンピアスがパウサニアスを背後で操ったという噂が広まっていたようです。つまりフィリポス暗殺は、父殺し、夫殺しということになります。現代の研究では、パウサニアスの単独犯行と見る説と、彼の背後に「黒幕」がいたと見る説に大きく二分されています。その「黒幕」の正体については諸説入り乱れていて、アレクサンドロスとオリュンピアス（あるいはオリュンピアスのみ）とする見解が多いものの、アテネの反マケドニアの政治家やペルシア王の策謀だったと見たり、上部マケドニアの貴族たちの組織的なクーデターだったとする説もあります。

果たして、アレクサンドロスは、父の暗殺に関与していたのでしょうか。彼が関与したと見る歴史家たちは、その「動機」について様々な推測をしています。それまでフィリポスの後継者としての道を順調に歩んでいたアレクサンドロスでしたが、ここにきて、後継者としての地位が危うくなったと感じたのかもしれません。和解はしたものの、前年の祝宴での一件は、彼の心に大きなしこりを残したことでしょう。そして、父の新妻クレオパトラが男児を生めば、その子がいずれ後継者になるかもしれないという懸念に加え、従兄のアミュンタス四世（ペルディッカス三世の息子）をライバルとして警戒していたようなふしもあります。さらにこの頃、フィリポスはもう一人の息子アリダイオスを小アジアのカリア地方の総督《そうとく》ピクソダロスの娘と結婚させようと画策していたらしく、アレクサンドロスは、アリダイオスの存在にも脅かされるようになっていたのかもしれません。もっとも、フィリポスは暗殺の直前、アレクサンドロスをともなって劇場に姿を現していることからも、彼の側には、アレクサンドロスを王位継承から排除するつもりなど毛頭《もうとう》なかったように思えます。アレクサンドロスは疑心暗鬼に陥って正常な判断力を失い、父の意図を読み違えたのかもしれません。

オリュンピアスについては、ローマ時代の史料はあからさまに暗殺への関与をにおわす記述をしていますが、こうした記述の多くは、先に触れたカッサンドロスによる反オリュンピアスのプロパガンダに由来する可能性が高いようです。

結局のところ、アレクサンドロスとオリュンピアスが暗殺の「黒幕」だったという確たる証拠はなく、真相は依然として謎に包まれています。フィリポスの死で結果的に得をしたのは、王位を手に入れたアレクサンドロスと、王母という権威を獲得したオリュンピアスだったことは確かですが、暗殺への二人の関与を学問的に論証するのは、ほぼ不可能でしょう。そもそも、二〇世紀のケネディ暗殺事件にしても、暗殺の実行犯はまもなく殺害されてしまい、その背後関係は闇のなかなのです。ましてや二三〇〇年以上も前の暗殺事件の背後関係など、とうてい解き明かせるものではないのかもしれません。

アレクサンドロスの即位

こうして、いよいよマケドニア王の座は、弱冠二〇歳のアレクサンドロスの手中に帰することになりました。

国内には従兄のアミュンタス四世を推す勢力もありましたが、アレクサンドロスは、父の忠臣アンティパトロスと、小アジアに派遣されていた先発部隊の指揮官を務めるパルメニオンの支持を取りつけることに成功し、国内の紛乱を治めて王位につきます。父の代からのこの二人の重臣を後ろ楯としたことが、アレクサンドロスの王権の安定に決定的な意味を持つことになりました。

新王アレクサンドロスは、まずはフィリポスをアイガイの墓所に手厚く葬り（八八頁のコラム2参照）、父の後継者であることをアピールします。続いての急務は、国内の反対勢力の根絶です。彼は、反対派の王族や貴族たちをフィリポス暗殺の共犯者の名目で次々に処刑しました。パルメニオンとともに先発部隊を率いて小アジアにいたアッタロスは最も手強い仇敵《きゅうてき》でしたが、アレクサンドロスは側近の一人にアッタロス殺害の密命を与えて小アジアに送り込み、暗殺を実行させました。パルメニオンにとってアッタロスは娘の夫という縁続きの間柄でしたが、パルメニオンは私情を捨てて、アレクサンドロスのアッタロス殺害計画を黙認したようです。王位継承の最大のライバルだったアミュンタス四世も、翌年、反逆の罪を着せられて処刑されました。フィリポスの新妻クレオパトラは娘を出産したばかりでしたが、この娘ともども、オリュンピアスによって殺害されました。

こうしてアレクサンドロスは、ライバルを徹底的に排除するという父フィリポスの方針にならい、自らの王権の基盤を固めていったのです。

図14　アレクサンドロスの即位。14世紀のビザンツの写本挿絵。ヴェネツィア、ギリシア協会蔵

コラム2　ヴェルギナの王墓

一九七七〜七八年にギリシア北部の小村ヴェルギナでテッサロニキ大学教授M・アンズロニコスが行った発掘調査は、世界中に大きな衝撃を与えました。直径約一一〇メートル、高さ約一二メートルに及ぶ巨大な二重構造の墳丘《ふんきゅう》（メガリ・トゥンバ）の内部から三基の埋葬施設が発見され、うち未盗掘の二基（2号墓・3号墓）から、火葬骨とともに金銀の豪華《ごうか》な副葬品が出土したのです。最大規模の2号墓では男女二体の火葬骨が見つかり、アンズロニコスは直ちに、これを前三三六年に暗殺されたフィリポス二世と彼の最後の妻クレオパトラの墓と発表して、大きな反響を巻き起こしました。

しかし、その直後から異論が噴出し、後継者戦争期にマケドニア王位につき、前三一七年に殺害されたアリダイオス（アレクサンドロスの異母兄弟）とその妻アデアを被葬者とする説が強力に唱えられるようになりました。以来、現在に至るまで、考古学者や歴史家のみならず、美術史、建築史、人類学などの分野の研究者たちの間で、この二つの説をめぐって延々と議論が続いてきましたが、いまだ決着を見ていません。これはマケドニア史研究における最大の論争であり、陶器、銀器、武具等の各種副葬品の年代決定、墓の正面に施された壁画（狩猟図）の検討、出土した火葬骨の人類学的分析などを焦点として、極めて多岐《たき》にわたる議論が展開されています。

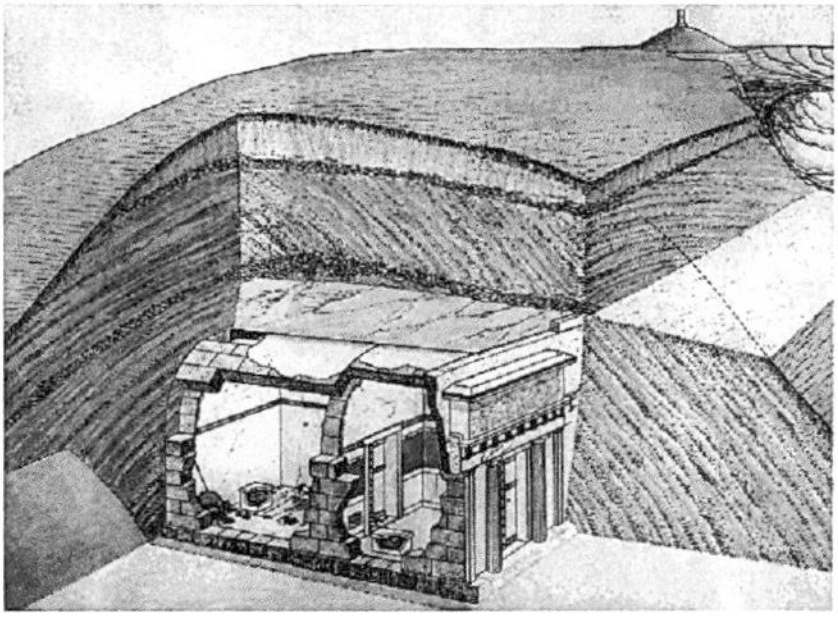

図 15　ヴェルギナ２号墓の模式図

被葬者論争が未決着であるとはいえ、このヴェルギナの発掘成果がはかりしれない意義を有することは言うまでもありません。巨大な墳丘規模、他に例を見ない二重の墳丘構造、副葬品の比類なき豪華さなどから、少なくとも未盗掘の2・3号墓がマケドニア王墓であるのは確かであり、この発見によって、ヴェルギナこそがそれまで場所が不明だったマケドニア王国の旧都アイガイの地であることが、ほぼ確実視されるようになりました。王国発祥の地アイガイは、前五世紀末のペラへの遷都《せんと》後も王国の宗教と祭儀の拠点であり、とりわけ歴代のマケドニア王の埋葬地として知られていたのです。さらに、精巧な金銀製品や見事な壁画をともなったこれらの墳墓《ふんぼ》は、マケドニアの極めて高い文化・技術の水準を実証するとともに、古典史料からは判然としないマケドニアの宗教や葬制・墓制についての豊かな知見をもたらす、超一級の文化遺産です。ヴェルギナの発掘調査は、まさしく、マケドニア史研究の新時代を画する金字塔です。ヴェルギナの遺跡は、一九九六年に世界遺産にも登録されています。

図16　2号墓主室から出土した黄金製のラルナクス（骨箱）。ギリシア、ヴェルギナ考古学博物館蔵

問題の2号墓は、主室と前室からなる二室構造のマケドニア式墳墓で、両墓室にそれぞれ大理石製の石棺が置かれ、そのなかから火葬骨を納めた黄金製のラルナクス（骨箱）が発見されました（図16）。2号墓の被葬者をめぐっては、論点はまことに多岐にわたりますが、私自身は、アンズロニコスが唱えたようにフィリポスの墓である可能性が高いと考えています。2号墓には、(1)他の二室構造のマケドニア式墳墓と異なり、前室でも埋葬が行われていること、(2)二体の人骨の遺存状態に著しい差があること（主室の男性人骨は極めて丁寧に扱われてほぼ完存しているが、前室の女性人骨は細片化している）、(3)主室と前室の内壁の仕上げが人骨の状態の差とは対照的であること（主室

の内壁は粗末な仕上げで、前室の内壁は入念に仕上げられている)、といった特徴が認められ、これらの点は、両室の埋葬に時間差があったことを示しており、フィリポス暗殺のしばらくのちにオリュンピアスによって殺害されたクレオパトラを、アレクサンドロスが父の墓に追葬したという状況にこそ符合するものと考えられるからです(詳しくは、澤田典子「『フィリポス2世の墓』再考」『古代文化』六三―三、二〇一一年を参照)。

1号墓は、小規模な石櫃《いしびつ》式墳墓(箱形墓)で、ほぼ完全に盗掘されており、墓室床面に散乱した状態で発見された三体の人骨(成人男性、若い女性、胎児もしくは新生児)以外には、被葬者特定の手がかりは残されていませんでした。2号墓をアリダイオスの墓と見る論者たちの一部は、この1号墓こそが、フィリポスとクレオパトラ、およびその子供の墓であると唱え、これも、アリダイオス説の有力な根拠とされました。しかし二〇一四年に、1号墓から出土した一〇〇個以上の未調査の骨片が精査され、1号墓には先の三体を含め少なくとも八体の人骨が納められていたことが明らかになりました。となると、この墓がフィリポスの墓であるとは、もはや考えにくいと言えます。

未盗掘の3号墓からは、一三~一六歳の少年の火葬骨が出土しています。この年齢に該当するマケドニア王は、前三一〇年頃に一三~一四歳でカッサンドロスに殺害されたアレクサンドロスの息子アレクサンドロス四世しかいないため、3号墓は、アレクサンドロス四世の墓と見るのが通説となっています。

また、二〇〇八年には、ヴェルギナの「エウクレイアの神域」で、見事な黄金の葉冠をともなった少年の火葬骨が発見されました。一七歳以下と推定されているこの少年の火葬骨は、アレクサンドロスと愛人バルシネの間に生まれ、十代半ばで殺害されたと伝えられるヘラクレスのものと考えられています。

バルカンの平定

一方、フィリポス暗殺の報は、ギリシア各地でマケドニアからの離反の動きを引き起こしました。カイロネイアでの惨敗から二年、フィリポスの突然の死が、一度はマケドニアの軍門にくだったギリシアの人々の目に、かつての自由を取り戻す好機と映ったのは当然でしょう。アレクサンドロスは精鋭部隊を率いて直ちに南下し、各地の騒擾《そうじょう》を次々に鎮めていきます。反抗の拠点となっていたテーベは、マケドニア軍の素早い到着に驚愕《きょうがく》し、あっさりアレクサンドロスに屈服しました。それを見たアテネも、アレクサンドロスの勢いに恐れをなし、すぐさま彼に恭順《きょうじゅん》の意を表しました。

こうしてマケドニア以南の不穏な動きをたちどころに制したアレクサンドロスは、コリントス同盟会議を招集し、自らを正式の盟主として全権将軍に任命すること、ペルシアへの遠征を実行することを、あらためて決議させました。フィリポスの突然の死によって一時は頓《とん》挫《ざ》したかに見えた東方遠征は、ここから、アレクサンドロス自身の計画として新たなスタートを切ることになります。

同じ頃、ギリシア北部の情勢も急を告げていました。ギリシア南部からマケドニアに戻ったアレクサンドロスは、冬の間に軍備を整え、前三三五年春、一万五〇〇〇人の軍勢を率いてトラキア地方へ進軍します。この大規模な遠征は、東方遠征の本番を目前とした、いわば実戦訓練であり、また、即位したばかりの新王アレクサンドロスがマケドニア人将兵の信頼を勝ちえるための機会でもありました。このときの彼の遠征はドナウ川を越える大がかりなものとなり、トラキア系諸部族の離反の動きをことごとく圧するに至りました。

このアレクサンドロスのドナウ渡河《とか》には、父フィリポスへの対抗心が秘められていたようです。前三四二年から前三三九年にかけてトラキア方面に遠征したフィリポスは、ドナウ川流域まで軍を進めましたが、ドナウを越えることはありませんでした。それゆえアレクサンドロスのドナウ渡河は、父の功業を凌駕《りょうが》するというデモンストレーションでもあったのです。

ロールモデルとして模倣する対象だった亡き父フィリポスは、今やアレクサンドロスにとって、張り合うべき「ライバル」へと変化していったのでしょう。

トラキアの反乱を制したアレクサンドロスは、今度はイリュリア人が蜂起したとの報せを受け、直ちに軍を南西に進めて、これを平定しました。この頃、ギリシア南部では、アレクサンドロスが北部の激戦で戦死したという虚報が飛び交います。テーベの民会は即時蜂起を決め、マケドニア駐留軍を包囲して反乱の火蓋《ひぶた》を切りました。

イリュリア遠征からの帰途、テーベの反乱の飛報に接したアレクサンドロスは、およそ四〇〇キロの険しい山道をわずか二週間で走破し、すぐさまテーベに向かいます。激しい攻防戦が繰り広げられ、テーベ市内は血みどろの修羅場と化しました。マケドニア軍による凄惨《せいさん》な無差別殺戮《さつりく》が行われ、テーベの死者は六〇〇〇人を超えたといいます。

こうしてテーベを完全に制圧したアレクサンドロスは、直ちにコリントス同盟会議を開き、テーベに対する処置を同盟に委ねました。実際に会議に集まったのは、以前テーベに苦しめられた人々が中心で、アレクサンドロスの意を受けて、極めて苛酷《かこく》な処罰が下されました。かつてのペルシア戦争においてテーベがペルシア側に与《くみ》したことも、そうした厳罰の理由とされました。アレクサンドロスは、ペルシア戦争の報復という東方遠征の大義名分を、ここでも前面に押し出したのです。テーベの都市は徹底的に破壊され、三万人のテーベ人が奴隷として売却されました。

まさに、容赦ない処罰でした。ギリシアの雄テーベの消滅は、ギリシア全土にすさまじい衝撃を与えました。アテネの弁論家デマデスは、「ギリシアはテーベを奪われて片目になってしまった」という言葉を残しています。アレクサンドロスはこうして、マケドニアの覇権が依然として揺るぎないものであることを、ギリシア世界にまざまざと見せつけたのです。

ところで、アレクサンドロスがテーベを厳罰に処したのは、他にも動機があったようです。テーベの反乱はアレクサンドロスの従兄アミュンタス四世によるマケドニアの王位簒奪《さんだつ》の動きと連動していたらしいことを示唆《しさ》する史料があります。そうすると、王位継承の最も手強いライバルであるアミュンタス四世と連携するテーベの反乱は、アレクサンドロスにとって極めて重大な脅威であり、だからこそ、その報復としてテーベを徹底的に破壊したのかもしれません。かつてフィリポスが前三四八年にオリュントスを攻撃し、これを壊滅させたのは、オリュントスがフィリポスのライバルである二人の異母兄弟を匿《かくま》ったことに起因するとされています。アレクサンドロスは、王位継承のライバルを支持した都市を徹底的に叩きつぶすという、父の方針にならって行動したのかもしれません。

フィリポス暗殺以来、文字通り東奔西走《とうほんせいそう》しながら各地の離反の動きを鎮めたアレクサンドロスは、こうしてギリシア世界におけるマケドニアの覇権を盤石《ばんじゃく》なものとしました。彼は再度コリントス同盟会議を招集し、ペルシアへの遠征軍の出発をあらためて正式に決定します。ギリシア諸国には派遣部隊が割り当てられ、出発は翌前三三四年春と決まりました。

今やマケドニアは、父フィリポスが王位についた頃の北辺の小王国ではなく、精強な軍隊を擁《よう》し、ギリシア世界の覇者の地位を不動のものとした超大国です。アレクサンドロスは父が遺《のこ》した巨大な遺産を受け継ぎ、空前の大遠征の途につくことになるのです。

第4章　ペルシア帝国の打倒

東方遠征論の系譜

前三三四年春、アレクサンドロスはアンフィポリスに集結した軍勢を率いて、東方遠征に出発しました。アカイメネス朝ペルシアを討つ、一〇年に及ぶ大遠征の幕開けです。

そもそも、この東方遠征という構想は、前四世紀初頭からギリシア人の間に広く知れ渡っていた思潮です。ゴルギアスやリュシアスといったパンヘレニズム（同胞である全ギリシア人が共通の事業において協力すべきとする思想）の主唱者たちは、争乱に明け暮れるギリシア諸国に協和を説き、ギリシア人が一致団結してペルシアの領土を征服することを盛んに提唱していました。

そうした征服論をさらに体系的に展開したのが、デモステネスと並ぶギリシア最大の弁論家として名高いアテネのイソクラテスです。彼は、前三八〇年に発表した『民族祭典演説』以来、一貫してペルシアへの遠征を呼びかけ、シラクサのディオニュシオス一世やスパルタ王アルキダモスといった野心的な君主にこの大事業の指導を懇請《こんせい》していました。そのイソク

ヤクサルテス川
アラル海
カスピ海
ソグディアナ
最果てのアレクサンドリア
オクソス川
キュロポリス
マラカンダ
バクトリア
アオルノス
バクトラ
ヒュダスペス川
ヘカトンピュロス
コーカサスのアレクサンドリア
タクシラ
ニカイア
パルティア
ブケファラ
アレイアのアレクサンドリア
フラダ
パンジャブ
ヒュファシス川
アラコシアのアレクサンドリア
インダス川
パサルガダイ
ペルシア門
ペルセポリス
ペルシス
ゲドロシア
インド
サルムース
パタラ
ペルシア湾
インド洋

図 17　アレクサンドロスの東方遠征

ラテスが最後に白羽《しらは》の矢を立てたのが、新興マケドニアの王フィリポス二世だったのです。彼は前三四六年、フィリポス宛《あ》ての公開書簡の形で『フィリポスに与う』と題する論説を発表し、ギリシア諸国を和合させてペルシアへの遠征を敢行すること、小アジア一帯を征服してギリシア人を移住させることを、力強く促しています。

この論説とフィリポスの遠征計画の因果関係については諸説ありますが、フィリポスは、イソクラテスの勧告に動かされてペルシアへの遠征を企てたわけではありません。彼は、自らの目的に適合する限りにおいて、イソクラテスの唱えるパンヘレニズムで遠征計画を都合よく粉飾したにすぎないと見るべきでしょう。

そうしたフィリポスの遠征計画は、そもそも、どれほどの領域の征服をめざしていたのでしょうか。アレクサンドロスは結果的にインダス川にまで及ぶ広大な領域を征服しましたが、歴史家たちの多くは、フィリポスの計画は実際のアレクサンドロスの遠征よりもはるかに限定的で控え目なものだったと見ています。確かに、冷静で現実的な政略家であり、常に緻密な計算に基づいてギリシア征服を進めたフィリポスの方針を顧みれば、そんな彼が、どう見ても統一を保つには巨大すぎるアカイメネス朝の全領土を制圧しようとしていたとは考えにくいでしょう。イソクラテスらが提唱した小アジア全域の征服か、あるいは、実際に前三三一年の時点でダレイオス三世が割譲《かつじょう》を申し出たユーフラテス川以西の領域の征服が、フィリポスにとっては現実的な目標だったと見るのが、やはり妥当かもしれません。フィリポスはあくまでも、マケドニア王国の国策の枠内でペルシアへの遠征を考え、エーゲ海域を中心として東地中海域を包含した、強大な「マケドニア帝国」を構想していたのでしょう。

フィリポスの領土目標がどの程度のものだったにせよ、父の後を受けて即位したアレクサンドロスにとって、ペルシアへの遠征は、ともかくも既定の路線でした。彼は父から、強力なマケドニア王国も天下無比の国民軍も東方遠征計画もその大義名分も全て受け継ぎ、まずは、敷かれたレールに沿って遠征の途についたのです。

遠征の始まり

遠征出発時のアレクサンドロスの兵力は、歩兵約三万二〇〇〇、騎兵約五〇〇〇と推定されています。これに、すでに前三三六年から小アジアで活動していた約一万人の先発部隊が合流し、遠征軍は総勢約四万七〇〇〇となります。このうち、ギリシア諸国の派遣部隊からなるコリントス同盟軍は、歩兵七〇〇〇、騎兵六〇〇を数えました。遠征軍の艦隊は一六〇隻の軍船と多数の輸送船からなり、これらは実質的にギリシア艦隊でした。

遠征出発に際して、アレクサンドロスは重臣アンティパトロスを本国の代理統治者に任命して後事を託し、歩兵一万二〇〇〇、騎兵一五〇〇を彼のもとに残しました。

ローマ時代の史料は、アレクサンドロスの軍の規模についてはおおむね一致した数をあげていますが、彼が相対したペルシア軍の規模となると、史料によってまちまちです。アレクサンドロスの勝利を誇張するため、ペルシア軍の総数をとてつもなく多く見積もり、一〇〇万といった数まであがっていますが、これらはおよそ信用に値しません。近年の研究では、ペルシアの軍勢を全軍で十数万以下と見積もるのが主流で、アレクサンドロスの軍をやや上回る程度の数だったと考える歴史家もいます。

こうして一〇年に及ぶ東方遠征が始まりますが、このときのアレクサンドロスの遠征軍は深刻な資金不足にあえいでいました。フィリポスはギリシア征服の過程で戦費や賄賂《わいろ》に資金を浪費したため、アレクサンドロスが即位したときの国家財政はまさに火の車で、彼は父の多額の借金を引き継いだといいます。彼は八〇〇タラントンもの借金を重ねて遠征費用を捻《ねん》出《しゅつ》し、遠征出発時、手持ちの資金はわずか七〇タラントン、携行した食糧も三〇日分しかありませんでした。遠征軍が財政難を脱したのは、ようやくイッソスの戦いに勝利して戦利品を獲得してからのことです。

図18　フランチェスコ・フォンテバッソ『アキレウスの墓で犠牲を捧げるアレクサンドロス』 18世紀。プラハ、ナショナル・ギャラリー蔵

ヘレスポントス海峡（現ダーダネルス海峡）を渡り、いよいよペルシアの領土に攻め入るにあたって、アレクサンドロスは本隊を副将のパルメニオンに任せ、自らは少数の部隊を率いて古都トロイを訪れました。トロイは、ホメロスの叙事詩『イリアス』に謳《うた》われるトロイ戦争の故地として知られます。アレクサンドロスは完全武装のままで船の舳先《へさき》に立ち、手にした槍《やり》を投げてトロイの砂浜に突き立て、アジアを「槍で勝ちとった領土」として神々から授かった、と宣言しました。さらにトロイのアテナ神殿に詣でて、トロイ戦争当時のものと伝えられる武具一式を譲り受け、この地で絶命したという英雄アキレウスの墓に花冠を捧《ささ》げました。彼は、これから始まる自らの東方遠征を、ギリシア連合軍がトロイを攻め落とした古《いにしえ》のトロイ戦争になぞらえたのです。遠征を通じて繰り返されるこうしたア

レクサンドロスのパフォーマンスは、自身を伝説の英雄として印象づけるイメージ戦略であり、将兵たちの士気を鼓吹《こすい》する手段でもありました。

グラニコス河畔の戦い

ペルシア側では、小アジア各地の総督《そうとく》や有力貴族たちが内陸のゼレイアに集結し、作戦会議を開きました。ギリシア人傭兵《ようへい》隊長のメムノンは焦土作戦によってマケドニア軍を食糧難に追い込むことを提案しましたが、地元の総督が強硬に反対してこの案は却下され、ペルシア軍は、「アジアの門」と言われるグラニコス川の河畔《かはん》に布陣してマケドニア軍を待ち受けることになりました。メムノンが提案した焦土作戦は、資金難で食糧不足の状態にあったマケドニア軍に対して最も効果的な戦法でしたが、こうしてペルシア軍は、マケドニア軍の出《で》端《ばな》を挫《くじ》く絶好の機会を逸してしまったのです。

このメムノンは、ロドス島生まれのギリシア人で、小アジアの総督アルタバゾスと縁戚関係を結び、かつてアルタバゾスとともにフィリポスの宮廷で亡命生活を送っていました。彼は少年時代のアレクサンドロスとも知り合い、マケドニアの国情を熟知していたのです。

前三三四年五月、両軍は、グラニコス川をはさんで対峙《たいじ》します。マケドニア軍の騎兵部隊が一気に渡河《とか》して戦闘が始まりました。激しい騎兵戦となり、その乱戦のなかで、アレクサンドロスはダレイオス三世の娘婿ミトリダテスをホメロスの叙事詩さながらの一騎打ちで倒します。その直後、総督スピトゥリダテスがアレクサンドロスの背後から斬りかかり、アレクサンドロスは側近クレイトスの加勢によって間一髪で救われるという一幕もありました。激戦の末、ついにペルシア軍は潰走《かいそう》し、アレクサンドロスは緒戦の勝利を飾りました。

ペルシア軍の陣営には約五〇〇〇人のギリシア人傭兵が後方に控えていましたが、彼らは戦闘に参加せず、ペルシア騎兵が敗走したのち、マケドニア軍に包囲されました。アレクサンドロスは彼らの投降の申し入れを拒否して猛攻を加え、三〇〇〇人を殺戮《さつりく》したうえ、残る二〇〇〇人を捕虜としてマケドニアに送って強制労役につかせました。ギリシア人傭兵に対するこうした厳しい措置は、ギリシア人のための報復戦争においてギリシアの大義に背いてペルシアに与《くみ》したことへの、いわば懲罰だったのです。しかし、この見せしめとも言える苛《か》酷《こく》な措置は、結果的に、ペルシアに雇われた他のギリシア人傭兵たちの抵抗姿勢を加速させることになってしまいます。

アレクサンドロスは、ペルシア軍から奪った戦利品のうち、三〇〇領の武具をアテネに送り、「フィリポスの子アレクサンドロス、およびスパルタ人を除くギリシアの人々が、アジアに住む異民族《バルバロイ》から獲得した」という銘文を刻んでアクロポリスのアテナ女神に奉納しました。この東方遠征は、約一五〇年前にペルシア軍がアテネのアクロポリスの神域を蹂躙《じゅうりん》したことへの報復である、という大義名分を、まずこの最初の勝利においてギリシアに向けてアピールしたのです。

さらに、最初の突撃で戦死した二五人の騎兵の功績を称《たた》え、マケドニアの聖地ディオンに青銅の騎馬群像を建立しました。こうした戦死者の顕彰《けんしょう》は、戦意高揚のための格好の手段でもありました。

アレクサンドロスはこれ以降、征服地の統治にあたってペルシアの総督制を踏襲《とうしゅう》し、行政区の区分を維持して、それぞれにマケドニア人の総督を任命していきます。

ところで、このグラニコス河畔の戦いについてのアリアノスの記述は、アレクサンドロスとミトリダテスの華々しい一騎打ちをはじめとして、ホメロスの叙事詩『イリアス』の一節に非常によく似ていることが、つとに指摘されています。このことは、東方遠征におけるアレクサンドロスの戦闘をローマ時代の史料から再構成するのがいかに困難であるかを、如実《にょじつ》に示していきます。

ローマ時代の史料のなかでは、通常、アリアノスの作品が個々の戦闘について最も詳しく信頼できる記述とされています。実際に戦闘に参加していたプトレマイオスの作品に依拠しているうえ、アリアノス自身も軍人だったからです。しかし、実際に戦っていたプトレマイオスが見たのは戦闘のごく一部にすぎませんし、第1章でも触れたように、彼は自分の手柄を誇張する傾向が強く、決して公平な観察者ではありません。また、プトレマイオスが執筆したのは東方遠征から数十年のちのことであり、その際、彼は自分の記憶よりもカリステネスの作品にしばしば依拠したようです。そのカリステネスは、アレクサンドロスをホメロス的な英雄として称揚したことが知られます。さらにアリアノス自身、ホメロスに深く傾倒《けいとう》しており、アレクサンドロスをアキレウスになぞらえるとともに、そのアキレウスの武勲を称えたホメロスに自らを重ねて執筆しています。つまり、カリステネスもアリアノスも、ホメロスの『イリアス』を強く意識し、ホメロスの描くトロイ戦争の戦闘をモデルに、アレクサンドロスの戦闘場面を描写しているのです。アリアノスはまた、自身の軍務経験に基づき、同時代のローマ軍の戦闘をモデルにアレクサンドロスの戦闘を描くこともしばしばでした。

このように、私たちが手にするアリアノスの作品に描かれるアレクサンドロスの戦闘には、何重ものフィルターがかかっており、実際に戦闘で何が起こったかを再構成するのは、まさに至難の業《わざ》なのです。

小アジアの都市の「解放」

グラニコスで勝利を収めたマケドニア軍は、南下してサルデイスに向かいます。かつてのリュディア王国の首都サルデイスは、ペルシアによる小アジア支配の拠点であり、ペルシアの都スーサに至る「王の道」の起点でもありましたが、駐留軍指揮官のミトレネスは自ら都市をマケドニア軍に明け渡しました。

続いてアレクサンドロスは、エフェソスやプリエネなどのエーゲ海沿岸のギリシア人都市を次々とペルシアの支配から解き放ちます。各都市に対するアレクサンドロスの政策は、都市の態度によってまちまちでしたが、多くの都市にマケドニア駐留軍が置かれ、マケドニアへの貢租《こうそ》の支払いが課されました。エーゲ海沿岸のギリシア人都市では、前六世紀からリュディア、ペルシア、アテネ、スパルタ、ペルシアと、めまぐるしく支配者が交代しましたが、今度は、ペルシアに代わってアレクサンドロスが新しい支配者となったにすぎませんでした。

こうして東方遠征の大義名分の一つである小アジアのギリシア人都市の「解放」が早くも達成されますが、ミレトスとハリカルナッソスだけは頑強に抵抗します。とりわけハリカルナッソスは堅固な城塞都市として知られ、アレクサンドロスはここで初めて攻城兵器を繰り出し、激しい攻囲戦の末にこれをくだしました。

ミレトス占領後の前三三四年夏、アレクサンドロスは、一六〇隻のギリシア艦隊の解散に踏み切りました。艦隊は維持費用がかさむことに加え、強力なペルシア艦隊にはとうてい太刀打ちできないことがその理由でした。彼は、沿岸地方を制圧し、港を奪ってペルシア艦隊を解体に追い込むという、「陸から海を制する」方針に転換したのです。しかし、この時点での艦隊の解散は大きな失策で、その直後からメムノンの率いる三〇〇隻のペルシア艦隊によってエーゲ海の島々や諸都市を奪回されてしまいます。アレクサンドロスは急遽《きゅうきょ》艦隊の再建を命じますが、結局、前三三三年夏にメムノンが思いがけず病死したおかげで窮地を脱することになりました。しかしメムノンの死後も、後任の二人の指揮官がペルシア艦隊を引き継ぎ、アレクサンドロスの後方を攪乱《かくらん》する作戦を精力的に展開していきます。東方遠征は、決して順調に滑り出したわけではなかったのです。

メムノンがエーゲ海で活発な動きを見せていた前三三三年春、アレクサンドロスは小アジア南西部のリュキア、パンフュリア地方を平定したのち、内陸のフリュギア地方の中心都市ゴルディオンを占領しました。このゴルディオンの神殿には、伝説のフリュギア王ミダスが奉納したとされる古い荷車が据《す》えてあり、その前方の轅《ながえ》をつなぐ結び目を解《ほど》いた者がアジアの王者となる、という言い伝えがありました。アレクサンドロスは早速これに挑戦しますが、解き方がわからず、一説ではその固い結び目を剣で一刀両断にし、別の説では結び目を固定している留《と》め釘《くぎ》を引き抜いて解いたといいます。有名な「ゴルディオンの結び目伝説」です。「アジアの王」となる運命を約束されたことを示すこうしたアレクサンドロスのパフォーマンスは、メムノンという強敵に苦しめられていたこの時期、将兵たちの士気を鼓舞《こぶ》するための格好の手段となったのでしょう。

イッソスの戦い

前三三三年夏、キリキア地方へと軍を進めたアレクサンドロスは、タルソスで高熱に倒れて病床に臥《ふ》し、遠征軍は、約二カ月足留めされることになります。ようやく秋には回復してシリア北部へと進発し、ダレイオス三世自らが率いるペルシアの主力軍と、イッソスで激突しました。

ペルシアの大軍は、海岸沿いの幅二・五キロの狭隘《きょうあい》な戦場で数の優位を生かせず、この狭さが勝敗を分けることになりました。戦闘が始まり、アレクサンドロスの指揮する騎兵部隊の猛攻を受けたダレイオスは、いち早く戦場から逃走します。これによって、それまで互角に戦っていたペルシア軍は総崩れとなり、全軍が退却しました。ダレイオスはアレクサンドロスの猛烈な追撃を振り切って、首都バビロンに逃げ延びました。

ダレイオスの陣営に残された財宝や調度品は全て接収され、親征に付き従っていた彼の母、妻、三人の子供たちも捕虜となりました。このときアレクサンドロスは、ダレイオスの家族をこのうえなく丁重に扱ったと伝えられています。こうしたアレクサンドロスの振舞いは彼の美徳の現れとしてしばしば称えられていますが、これは、ダレイオスの後継者としての地位を意識してのことだったのは明らかです。彼の狙いは、いずれダレイオスの娘の一人を娶《めと》り、アカイメネス朝の正統な継承者となるこ

図19　アルブレヒト・アルトドルファー『イッソスの戦い』 1529年。ミュンヘン、アルテ・ピナコテーク蔵

図20　パオロ・ヴェロネーゼ『アレクサンドロスの前のダレイオスの家族』 1565～1570年。ロンドン、ナショナル・ギャラリー蔵

とだったのでしょう。ペルシアとの戦争が続いていることの時点では、そうした結婚は時期尚早《しょうそう》であり、この計画は九年後まで持ち越されることになります。

ダレイオスの兵站《へいたん》の拠点になっていたダマスカスはパルメニオンが占領し、ここでも大量の財貨が接収され、マケドニア軍は遠征出発以来の財政難をようやく脱することができました。

ほどなく、ダレイオスから講和を申し入れる親書が届きます。ダレイオスは家族の身柄の引き渡しを懇請し、友好同盟の締結《ていけつ》を求めましたが、これを高圧的に一蹴したアレクサンドロスは、その返書のなかで、アカイメネス朝の支配がいまだ健在であるのに自らを「アジア全土の主《キュリオス》」と呼び、全アジア征服への揺るぎない自信を示しています。

フェニキアの占領

前三三三年晩秋、アレクサンドロスは軍を南に進め、フェニキア地方、さらにはエジプトへと侵攻しました。イッソスの勝利後直ちにダレイオスを追ってペルシア帝国の中心部へ進軍しなかったことを、アレクサンドロスの失策と見る歴史家もいます。そうすればもっと早くダレイオスにとどめをさすことができたのに、結果としてダレイオスに態勢立て直しの時間を与えることになってしまった、というのです。しかし、エーゲ海でのペルシア艦隊の活動が依然として大きな脅威である以上、ペルシア艦隊の根拠地のフェニキア地方を制圧することが先決でしたし、エジプトを占領して東地中海全域を支配下に収め、後方の安全を確保する必要もありました。さらにアレクサンドロスは、ダレイオスに全軍集結の時間を与えて、次こそ最終決戦に持ち込むという狙いもあったのでしょう。フェニキアやエジプトへの進軍を優先したアレクサンドロスの方針を、ヴォルテールは『歴史哲学』（一七五六年）のなかで、「まさに偉大な将帥《しょうすい》の大計画といってよい構想」と絶賛しています。

当時、フェニキア諸都市の王たちはいずれも艦隊を率いてエーゲ海方面にあり、アラドス、ビブロス、シドンなど、大半の都市が王の不在のままアレクサンドロスに帰順しました。しかし、カルタゴの母市として知られるテュロスだけは、頑強に臣従を拒否します。テュロス

図21　テュロスの攻囲。15世紀のフランスの写本挿絵。パリ、プティ・パレ美術館蔵

の主神メルカルトはヘラクレスと同一視されていたため、アレクサンドロスは市内のメルカルト神殿への参詣を申し入れますが、警戒するテュロス市民に拒絶され、こうして前三三二年一月、丸七カ月に及ぶ攻囲戦が始まりました。

テュロスは陸から八〇〇メートル沖合の小島に堅固な城壁をめぐらした城塞都市で、アレクサンドロスはフィリポスのもとで開発された種々の攻城兵器を駆使して攻撃しました。まず、対岸から島へ向けて突堤《とってい》を築き、その突堤の先端に巨大な攻城塔を設置して攻め立てます。この突堤作戦は難航しますが、海上にあったフェニキアとキプロスの艦隊二〇〇隻がペルシアから離反してアレクサンドロスに帰順したことが、大きな転機となりました。彼はこれらの艦隊で港を封鎖したうえで、船上に破城槌《はじようつい》を固定して城壁に接岸攻撃をしかけ、ついにこの難攻不落の城塞都市をくだしました。容赦ない殺戮が繰り広げられ、テュロスの死者は八〇〇〇人に及び、生き残った市民三万人が奴隷として売られました。

同年八月、アレクサンドロスはエジプトへ向けて南下しますが、パレスティナ地方南端の要衝《ようしょう》ガザで、今一度頑強な抵抗に直面します。ガザは丘の上に位置する城塞都市で、アレクサンドロスは城壁の周囲に土壇《どだん》を築き、その上に攻城塔を据えて攻撃しました。さらに、地下に坑道を掘って城壁を下から崩落させるという作戦をとり、二カ月の攻囲戦の末に攻め落としました。

こうして、シリアからパレスティナ沿岸地方を全て平定し、エジプトへと進みました。

アレクサンドリアの建設

前三三二年初冬、エジプトの総督マザケスは一切の抵抗を放棄し、エジプトの人々はアレクサンドロスを「解放者」として迎えました。エジプトは、前五世紀末以降約六〇年にわたってペルシアからの独立を維持し、前三四三年にアルタクセルクセス三世によって再征服されて従属を強い《し》られたのちも、つい数年前に再び反乱を起こすなど、反ペルシア気運が濃厚でした。それゆえ、アレクサンドロスは「解放者」として歓迎されたのです。こうしてエジプトを無血占領したアレクサンドロスは、かつてのダレイオス一世にならい、エジプト古来の伝統と宗教を尊重する姿勢を明らかにします。彼は古都メンフィスでエジプトの神々に犠牲を捧げ、事実上のファラオ（エジプト王）となりました。

イッソスの戦場から逃れたペルシアの将軍たちは、小アジアで兵を集め、前三三二年春以降、小アジアの奪還を狙って攻勢に出ていましたが、マケドニア軍に撃砕され、この頃までに小アジアも完全に平定されていました。また、エーゲ海域で活動していたペルシア艦隊もマケドニア艦隊に撃ち破られて、エーゲ海の制海権は再びマケドニア側に帰していました。こうして、ようやく東地中海は「マケドニアの海」となり、エジプト占領をもって、東地中海域一円の征服が完了を見たのです。

翌前三三一年初頭、メンフィスからナイル川を下ってナイル・デルタを調査したアレクサンドロスは、デルタの西端のラコティスに、都市建設のための適地を見出《みいだ》しました。ローマ時代の史料は、アレクサンドロスが自ら新都市の設計図を描き、広場《アゴラ》や神殿、都市を囲む城壁の場所を決めるなどして、自身の名を冠した海港都市アレクサンドリアの建設に着手したと伝えています。東方遠征の途上で築かれた数多くのアレクサンドリアの端緒《たんしょ》となったこの都市は、その後、プトレマイオス朝エジプトの首都となり、ヘレニズム世界最大の都市として繁栄を極めることになります。

ただし、アレクサンドリアが都市としての景観を整え始めたのは、アレクサンドロスの死後、前四世紀末から前三世紀前半にかけてのことだったようです。最近は、アレクサンドロスがアレクサンドリアの建設に直接関与したというのは、彼の死後につくられた「神話」にすぎない、とする説も勢いを増しています。確かに、都市建設へのアレクサンドロスの関与を示す同時代史料や考古資料は全く残っていませんし、彼の死後、プトレマイオスの手によってエジプトに運ばれた彼の遺骸《いがい》がアレクサンドリアではなくまずメンフィスに安置されたことも、その当時、アレクサンドリアが都市と呼べるようなものではなかったことを示唆《しさ》します。さらに、中央アジアに多数築かれたアレクサンドリアのほとんどが軍事拠点だったこと（一七一頁《ページ》参照）を考えれば、エジプトにおいても、アレクサンドロスは小さな軍事拠点をデルタの西端に築いたにすぎなかったのかもしれません。

とすれば、プトレマイオスが前三〇四年に王を名乗ってアレクサンドリアを自らの王国の首都としたところから、アレクサンドリアの実質的な「都市」としての歩みが始まったのであり、彼こそが真の「都市創建者」だったのでしょう。プトレマイオスは、王都アレクサンドリアの権威を高めるため、アレクサンドロスが自ら都市を創建したとして、過去を捏造《ねつぞう》したのかもしれません。その後、アレクサンドロスの遺骸がメンフィスからアレクサンドリアに移されると、彼を「都市創建者」とする伝承はますます強固になっていったのでしょう。そして、アレクサンドリアで活躍したクレイタルコスの作品や、アレクサンドリアで生まれた伝奇物語群「アレクサンドロス・ロマンス」によって、そうした伝承はさらに定着していくことになるのです。

アレクサンドロスが自ら設計図を描いて都市を建設したというのは、プトレマイオスによる「アレクサンドリア創建神話」であり、「創られた伝統」だったのかもしれません。

「神の子」

約半年に及ぶエジプト滞在中に、アレクサンドロスは、リビア砂漠のシウァ・オアシスにあるアモン神殿をはるばる訪れています。アモン神は新王国時代以来のエジプトの国家的守護神で、ギリシア人はアモン神を自らの最高神ゼウスと同一視していました。シウァ・オアシスのアモン神殿はその神託で名高く、ギリシア神話の英雄のヘラクレスやペルセウスも、かつてここで神託をうかがったと伝えられています。

前三三一年二月、アレクサンドロスは、側近たちとともに砂漠を越えてこのアモン神殿を訪れました。神託所ではアレクサンドロスだけが奥の部屋に通され、神官が彼に「神の子」と呼びかけました。その後、神託所から出てきたアレクサンドロスは、全てに望み通りの答えを得たと告げて、満足して帰途についたといいます。神託の具体的な内容は彼が全て秘密にしたため、同行した側近たちも知ることはできず、その内容は様々に取り沙汰されました。

このアモン神殿の一件は、しばしば、アレクサンドロスの神格化の第一歩になったと見なされています。幼少の頃から母オリュンピアスの影響により自身の神話的系譜を信じていたアレクサンドロスが、アモン神殿で「神の子」という神託を得て自らの神性を確信し、自己の神格化を進めた、というのです。

しかし、エジプトのファラオは太陽神ラーの子と見なされていましたから、神官の「神の子」という呼びかけは、新しいファラオになったアレクサンドロスに対する通例の挨拶《あいさつ》にすぎません。アレクサンドロスは、これを自身の神性の承認と受けとったのでしょうか。それとも、その神官の言葉を支配のための格好のプロパガンダとして利用したにすぎなかったのでしょうか。

アレクサンドロスの死後にエジプトの新たな支配者となったプトレマイオスは、自らの権力を正統化するため、アモン神のシンボルである羊の角をつけたアレクサンドロスの肖像を刻した貨幣を発行するなど（一八〇頁の図29）、アレクサンドロスとアモン神のつながりを盛んに喧伝《けんでん》したことが知られています。アモンの神託をアレクサンドロスの神性と結びつけ、この一件を彼の生涯における大きな転換点であるかのように描く伝承は、そうしたプトレマイオスのプロパガンダを反映しているのかもしれません。

ともあれ、これ以降、アレクサンドロスが「神の子」を自任するようになっていったのは確かなようです。こうした「神の子」というアレクサンドロスの意識を、父フィリポスとの関係という文脈に置いて考えることもできます。

ローマ時代の史料は、アレクサンドロスが前三三六年に即位して以来、マケドニア人たちの前でことあるごとにフィリポスの名前を口にし、亡き父の権威に頼りながら、父の後継者としての地位の確立を図ったことを伝えています。しかしイッソスでの勝利以降、アレクサンドロスが「アジアの王」という意識を強めていくなかで、アレクサンドロスが「マケドニアの王」から「アジアの王」へと変貌することに危惧を抱くマケドニア人将兵は、理想的なマケドニア王としてフィリポスを美化し、盛んに彼を追慕《ついぼ》するようになります。それに呼応するように、アレクサンドロスは父の名前を口にしなくなり、父の記憶から距離を置くようになっていくのです。

かつてフィリポスは、兵士たちとの個人的な絆《きずな》を重視して軍隊の育成を進め、都市建設や強制移住によって旧来の支配層と民衆の絆を断ち切り、民衆をフィリポス個人に直接結びつく兵士集団へと育てあげました。さらに、ペゼタイロイという名誉ある称号を歩兵全体に拡大し、フィリポス個人への忠誠心を高めていきました。そうした「フィリポス個人に直結した軍隊」は、遠征が進むにつれ、アレクサンドロスにとって時として足枷《あしかせ》となったのでしょう。アレクサンドロスは、父の「亡霊」との戦いを強いられることになるのです。

このように見てくると、アレクサンドロスの「神の子」という意識の裏に、父フィリポスとの縁を断ち切ろうとする意図を読みとることもできます。第3章で見たように、アレクサンドロスの出生をめぐっては、母オリュンピアスがゼウスと交わって身ごもったという伝承が流布《るふ》していましたが、これも、フィリポスとの訣別《けつべつ》を図るアレクサンドロスの意図のもとにつくられた伝承でしょう。他方、アレクサンドロスによるフィリポスの否認は、フィリポスと辛酸《しんさん》をともにしたマケドニア人将兵にとっては、フィリポスの名に象徴されるマケドニア王国の伝統の無視に等しい、耐えがたいことであり、このののち本格化するアレクサンドロスの東方協調路線への不満とあいまって、彼らの「フィリポス追慕」に拍車をかけることになっていくのです。

ダレイオス三世との最終決戦へ

前三三一年四月、アレクサンドロスは、いよいよペルシア帝国の中心部をめざしてエジプトを進発しました。再びフェニキアに入ってテュロスに滞在していたとき、ギリシアで反乱が起きたという報を受けました。コリントス同盟にも加盟せず孤立を守っていたスパルタが、ペルシアの支援を得て、王アギス三世のもとで蜂起したのです。アレクサンドロスは、直ちに艦隊をギリシア方面に派遣します。東方遠征中のギリシアにおける最大の反マケドニア蜂起となったこのアギス戦争は、一時はかなりの勢いを得ますが、翌年春、マケドニア本国の留守をあずかるアンティパトロスによって鎮圧され、スパルタも以後はマケドニアの支配下に組み込まれることになりました。

一方、ダレイオス三世からは、二度目の講和申し入れが届きます。彼は再び家族の返還を求めるとともに、ユーフラテス川以西の領土の割譲、王女の婚嫁《こんか》、巨額の償金の支払いを提示して、講和を打診しました。今回の提案の受諾をめぐっては、遠征軍の指導部のなかでも意見が割れましたが、アレクサンドロスは決然としてこれをはねつけたといいます。なお、こうした度重なるダレイオスからの講和提案を、彼の弱腰を強調しようとするマケドニア側の宣伝によって捏造されたものと見る歴史家もいます。

同年七月、フェニキア地方を進発したアレクサンドロスは、ダレイオスとの決戦のため、内陸へ向かいます。他方、帝国各地から兵を召集して大軍を編制したダレイオスは、イッソスでの敗因が狭隘な戦場にあったことから、ガウガメラの広大な平原を決戦の場に選びました。彼はマケドニアの長槍に対抗するために槍を長いものに改良し、大鎌付きの戦車二〇〇両や戦象一五頭などの秘密兵器も投入します。さらに、騎兵や戦車の威力を発揮できるよう地面を入念に整地するなど、万全の準備を整えてマケドニア軍を待ち受けました。これに対してアレクサンドロスは、数のうえで圧倒的にまさるペルシア軍に側面から包囲されるのを防ぐため、二列に並べた戦列の両端を鉤《かぎ》の手状に配置しました。

こうして一〇月一日、ダレイオスとの最終決戦の火蓋《ひぶた》が切って落とされました。ペルシア軍の秘密兵器である大鎌付き戦車が期待した効果もなく自滅したのち、マケドニア軍右翼の騎兵部隊が敵の戦列に切れ目を生じさせます。その切れ目にアレクサンドロスの率いるマケドニアの主力軍が巨大な楔形《くさびがた》隊形をなして突入し、敵戦列の中央部のダレイオスめがけて殺到しました。ダレイオスは、またもや逃走します。強力なペルシア騎兵は善戦するものの、王の逃走によってペルシア軍は退却に転じ、戦いはマケドニア軍の圧倒的な勝利に終わりました。アレクサンドロスはダレイオスを追撃するも追いつけず、ダレイオスは首都の一つエクバタナに落ち延びました。

これをもって、アカイメネス朝の支配は事実上崩壊するに至ります。アレクサンドロスはこのとき、ロドス島リンドスのアテナ神殿に武具を奉納し、そこに「王アレクサンドロスはダレイオスを戦で破り、アジアの主《キュリオス》となった」という銘文を刻みました。

アカイメネス朝の滅亡

ガウガメラで勝利を収めたのち、アレクサンドロスはアカイメネス朝の都であるバビロン、スーサ、ペルセポリス、パサルガダイ、エクバタナを次々に占領し、合計一八万タラントンにのぼる莫大《ばくだい》な財貨を接収していきます。

一〇月二一日、彼は、神殿や聖域を尊重すること、町の略奪を行わないことを事前に布告したうえで、メソポタミアの古都バビロンに無血入城を果たしました。総督のマザイオスは都市と財貨をアレクサンドロスに引き渡し、バビロンの人々は新しい王を歓迎しました。アレクサンドロスは、エジプトにおいてと同様に、伝統的な宗教と慣習を尊重する態度を明らかにし、バビロンの神々に犠牲を捧げました。

アレクサンドロスはここで、マザイオスを引き続きバビロニア総督に任命し、ペルシアの旧支配層と協調する政策路線を打ち出します。遠征当初からペルシアの総督制を踏襲していた彼は、それまでは征服地を統治する総督にマケドニア人を任命していましたが、これ以降、ペルシア人を積極的に総督に取り立てていきます。ただし、ペルシア人総督には行政権だけを与え、軍事と財政の権限を総督権から分離してマケドニア人の手に委《ゆだ》ねることによって、総督の権限を大幅に縮小しました。

図22　シャルル・ル・ブラン『アレクサンドロスのバビロン入城』1665年。パリ、ルーヴル美術館蔵

同じ頃、マケドニア本国から一万五〇〇〇人もの大増援部隊が到着したのを機に、アレクサンドロスは遠征軍の再編制にも乗り出しました。軍の組織再編は、東方遠征の過程でこれ以降も何度か繰り返されていきます。その詳細については諸説あるものの、こうした度重なる再編は、イラン東部や中央アジアでの新たな戦闘に遠征軍を適応させるための方策であると同時に、「フィリポス個人に直結した軍隊」を「アレクサンド

ロスの軍隊」へとつくりかえていくステップでもありました。

続いて一二月一五日、帝国の行政の中心地スーサも、アレクサンドロスに無血開城します。総督アブリテスは都市と財貨をアレクサンドロスに引き渡し、マザイオスと同様に、アレクサンドロスによってあらためて総督に任命されました。

スーサの宮殿で、アレクサンドロスは初めてペルシア王の玉座につきます。彼はここで、かつてクセルクセスがギリシアから持ち帰った戦利品を全て接収しますが、そのなかにあったアテネの僭主《せんしゅ》殺害者の群像をアテネに送り返すよう命じています。ペルシア戦争当時のアテネにおいて民主政のシンボルになっていた群像をペルシア王の戦利品から奪い返すことによって、ペルシアへの報復戦争についに勝利を収めたことを、ギリシアに向けてアピールしたのです。

そして、真冬のザグロス山脈に攻め入り、帰順を拒否する地元のウクシオイ人の抵抗を撃砕し、さらに、総督アリオバルザネスが大軍を率いて待ち構える難関「ペルシア門」を迂回《うかい》攻撃によって突破して、前三三〇年一月末、ペルセポリスを占領しました。

アカイメネス朝発祥の地にあるペルセポリスは、アカイメネス朝の王権の象徴とも言える都です。アレクサンドロスはこれまでバビロンとスーサを平和裏に占領し、兵士たちによる略奪を禁じてきましたが、このペルセポリスでは彼らに都市部の略奪を許しました。こうした略奪は、さらに遠征を続けることを兵士たちに納得させ、彼らの士気を鼓舞する手段でもあったのです。

遠征軍はペルセポリスに四カ月滞在し、その間にペルシアの旧都パサルガダイも占領しました。そして出発間際の五月、アレクサンドロスは、ペルセポリスの壮大な宮殿群を焼き払います。東方遠征において最も劇的な事件と言われる、ペルセポリス宮殿炎上事件です。

ペルセポリス宮殿の炎上

アカイメネス朝発祥の地にダレイオス一世が建設し、一〇〇年近い歳月をかけて完成したペルセポリスの宮殿群は、ペルシア人の精神的な支柱とも言える、アカイメネス朝のシンボルです。その宮殿がアレクサンドロスによって一夜にして灰燼《かいじん》に帰したこの炎上事件は、様々に語り伝えられ、現代においても歴史家たちの大きな関心の的となっています。

一九三〇年代に行われたペルセポリスの組織的な発掘調査により、宮殿が炎上した事実が考古学的に確認され、謁見殿《アパダーナ》、玉座の間（百柱殿）、宝蔵といった主要な建物が焼け落ちたことが判明しています。

図23　ペルセポリス宮殿の遺跡

アレクサンドロスは、いったいなぜ、この壮麗な宮殿に火を放ったのでしょうか。

ディオドロス、クルティウス、プルタルコスの三人は、饗宴《きょうえん》の席で起きた、酔余《すいよ》の衝動的放火だったと伝えています。アテネ生まれの遊女タイスが宴席でペルシアへの復讐《ふくしゅう》として放火を煽動《せんどう》し、酩酊《めいてい》していたアレクサンドロスが側近たちとともに衝動的に宮殿に火を放った、というのです。他方、アリアノスは、放火が熟慮のうえでの計画的なものだったとし、アレクサンドロスがペルシア戦争の報復のために、パルメニオンの諫止《かんし》を振り切って放火を決行したと伝えています。

こうした二通りの伝承に則して、現代の歴史家たちの見解も、衝動的放火とする説と計画的放火とする説に大きく二分されています。計画的放火とする場合、その動機については様々な説が提示されています。まず、アリアノスが伝えるように、遠征の大義名分であるペルシア戦争の報復を果たそうとしたという説。次に、ギリシアで起きているアギス戦争の拡大を防ぐために、遠征がギリシア人のための報復戦争であることをギリシア世界に向けてあらためてアピールしようとしたという説。さらに、アカイメネス朝の支配が終わったことを東方の諸民族に示そうとしたという説や、依然として帰順を拒む地元のペルシア人への懲罰だったという説、今後ペルセポリスの宮殿が敵の根拠地として利用されるのを防ぐためだったという説もあります。

確かに、この当時のアレクサンドロスには、これら五つの動機は、いずれも大なり小なり当てはまるように思えます。計画的だとするなら、単一の動機によるものではなく、これら複数の動機が入りまじってのことと考えるのが妥当でしょう。アレクサンドロスは、放火によって、一石二鳥ならぬ一石五鳥を狙ったのかもしれません。

しかし、いかなる動機によるにせよ、アカイメネス朝の精神的支柱であるペルセポリスの宮殿を焼き払うことは、結果的に、アレクサンドロスが本格的に踏み出したばかりのペルシア旧支配層との協調路線に大きなダメージを与えてしまうことになります。そのジレンマが、ペルセポリスの占領から宮殿放火までの四カ月というタイムラグの理由だったのでしょう。

そして、こうしたジレンマが、酒の勢いによって一気に解消された、というのが真相なのかもしれません。これまでペルシア戦争の報復という東方遠征の大義名分をことあるごとにアピールしてきたアレクサンドロスは、おそらく、その聖戦のフィナーレを飾るシナリオとして、アカイメネス朝のシンボルであるペルセポリス宮殿の炎上の情景をたびたび夢想していたことでしょう。そうした「夢」と現実との区別が饗宴の乱酔のなかで失われ、彼は、ついに一線を越えてしまったのではないでしょうか。

宮殿炎上ののち、我に返ったアレクサンドロスは、乱酔不覚の果てに宮殿に火を放つという愚挙を隠すために、放火の理由の公式発表として、報復戦争という大義を前面に押し出さざるをえなかったのでしょう。このように考えると、ローマ時代の二通りの伝承は、必ずしも矛盾するものではないように思えます。

ともあれ、ペルセポリス宮殿の炎上は、ペルシア戦争の報復というスローガンを掲げたアレクサンドロスの東方遠征が新しい段階に入ったことを告げる、象徴的な事件だったと言えるでしょう。

ダレイオス三世の死

ガウガメラで敗れたダレイオス三世は、エクバタナに逃れ、アレクサンドロスの動静をうかがっていました。前三三〇年五月末、アレクサンドロスがエクバタナに向けて進発すると、ダレイオスは帝国東部での巻き返しを図り、九〇〇〇人の兵を率いて東へと向かいました。アレクサンドロスは、直ちに全速力で追撃します。そうしたなかで、ダレイオスの側近のペルシア人貴族たちは次々とダレイオスから離れ、アレクサンドロスに帰順しました。残った側近たちもクーデターを起こしてダレイオスを拘束し、ついに同年夏、ダレイオスは側近のバクトリア総督ベッソスらに殺害されてしまいます。享年五〇歳。王位にあることわずか六年でした。アレクサンドロスは、彼の遺骸をペルセポリスの王廟《おうびょう》に手厚く葬るよう指示しました。

二度の決戦でアレクサンドロスに敗れ去った末、側近に裏切られて非業の死を遂げたダレイオスは、臆病で愚かな王、という否定的なイメージでしばしば語られます。自身も軍人だったアリアノスは、ダレイオスを「戦争のことでは他の誰よりも惰弱で洞察力に欠ける人物」と評し、戦場での彼の臆病さを手厳しく批判しています。確かに、イッソスでもガウガメラでも、ダレイオスは勝敗の帰趨《きすう》が決する前にいち早く戦場から逃走しており、常に最前線で奮戦するアレクサンドロスと対照的なこうしたダレイオスの振舞いが、彼の否定的なイメージを生み出してきました。しかし、そうした彼の行為は、帝国が混乱に陥るのを防ぐために王は何としても戦死を避けなければならないという、王権に対する責任意識に発するものと考えることもできます。いずれにしても、「臆病」なダレイオス像は、ギリシア人やマケドニア人の立場で書かれた史料のバイアスによるものであることに注意が必要です。

ベッソスらによるダレイオスの殺害は、アカイメネス朝の正統な継承者として、先王を殺害した「大逆の徒」を誅伐《ちゅうばつ》する、という新たな大義をアレクサンドロスに与えることになりました。彼はヘカトンピュロスで遠征軍を再結集し、コリントス同盟軍の動員解除に踏み切ります。引き続き従軍を望む者は、あらためて傭兵として雇うこととなりました。これまでの数々の会戦において戦力としてはほとんど活用されなかったコリントス同盟軍は、ギリシア世界の平穏を保証する一種の「人質」であり、また、ギリシア人のための報復戦争という大義の道具立てとしても不可欠な存在でした。しかし、今やダレイオスが死に、アカイメネス朝が滅んだ以上、もはやこの大義を振りかざす必要はなくなったのです。

ここから、名実ともに、アレクサンドロス自身の征服戦争が始まることになります。

第5章　果てしない征服

東方協調路線の展開

ダレイオス三世を殺害したベッソスは、自身の総督領《そうとく》であるバクトリア地方に戻ったのち、アルタクセルクセス五世を名乗り、ペルシア王位を主張しました。ペルシア戦争の報復という東方遠征の大義名分を清算したアレクサンドロスは、この逆臣にして王位簒奪者《さんだつ》であるベッソスの追捕という新たな大義のもと、アカイメネス朝の旧領の東半分に軍を進めていくことになるのです。

ここから始まる東方遠征の後半は、険峻《けんしゅん》な山脈や砂漠地帯というこれまでと全く異なる自然条件のなか、住民ぐるみのゲリラ戦や奇襲攻撃、山岳城砦《じょうさい》戦によって、かつてない苦戦を強《し》いられる時期となります。そうしたなかでアレクサンドロスに対するマケドニア人将兵の不満も高まり、種々の陰謀事件や陰惨な粛清が頻発《ひんぱつ》する時期でもありました。

この頃からアレクサンドロスは、ペルシアの装束や儀礼を積極的に取り入れ始めています。彼はペルシア王の印であるリボン状の頭飾り《ディアデーマ》やペルシア風のベルトを身につけ、文書にペルシア王の印章を用い、さらに、跪拝礼《プロスキュネシス》というペルシアの宮廷儀礼（一四二頁《ページ》参照）を帰順したペルシア人貴族たちから受けるようになりました。当時バクトリアでベッソスが王を僭《せん》称《しょう》していたため、そうした装束や儀礼の採用によって、自分こそがアカイメネス朝の正統な継承者であることを、東方の諸民族に広く知らしめようとしたのです。

バビロン入城以来、アレクサンドロスはペルシア人を総督に任命し、帰順したペルシア人貴族を次々と高官や側近に取り立てる東方協調路線を進めていましたが、こうした路線は、ペルシアの装束や儀礼の採用とあいまって、遠征軍のなかで強い反発を引き起こすようになります。ペルシア人との協調を拒み、あくまでもマケドニア人が支配の中心であるべきだとする「マケドニア中心主義」に固執《こしゅう》する側近や将兵たちは、アレクサンドロスへの不満を強め、理想のマケドニア王たるフィリポス二世への追慕《ついぼ》をいっそう募らせていきます。東方協調路線を推進するにあたって、アレクサンドロスの前に、父の「亡霊」が立ちはだかることになったのです。

なお、最近の研究には、アレクサンドロスの東方協調路線に対するマケドニア人将兵の不満や反発を、ローマ時代の創作ととらえる傾向が見られます。マケドニア人はかねてからペルシアの文化や風習になじんでいたため、ペルシアの装束や儀礼に抵抗はなかったはずであり、ローマ時代の史料に描かれる不満や反発は、「ペルシア人＝バルバロイ」というローマのステレオタイプな認識を反映した創作にすぎない、というのです。

第2章で見たように、確かにマケドニア人は、東方遠征以前からペルシアの文化や風習になじんでいました。しかし、将兵たちがペルシアの装束や儀礼に反発したのは、それ自体が不快なものだったからではなく、「勝者」である自分たちが「敗者」であるペルシア人の慣習を押しつけられることに抵抗を感じたからです。彼らの反発は、ローマ時代の史料において多少誇張されている嫌いはあるにせよ、おおむね事実と見るべきでしょう。

フィロタス事件

前三三〇年秋、そうした東方協調路線への反発のなかで起きたのが、フィロタス事件です。アレクサンドロスの最高位の側近であるフィロタスは、重臣パルメニオンの長男で、父子ともども、東方協調路線に対する反対派の急先鋒《きゅうせんぽう》でした。事件は、ドランギアナ地方の都フラダにおいて、とある若者が企てたアレクサンドロス暗殺の陰謀から始まります。この陰謀について事前に情報を得ていたフィロタスが、それをアレクサンドロスに告げなかったことから、フィロタスも陰謀の共犯者であるとして裁判にかけられ、たちどころに処刑されてし

図24　パルメニオンの謀殺。15世紀のフランドルの写本挿絵。ロサンゼルス、J・ポール・ゲティ美術館蔵

まうのです。このとき父パルメニオンは、七〇歳という老齢を理由にエクバタナに残留し、後方との連絡や兵站《へいたん》の任務を任されていましたが、アレクサンドロスは直ちにエクバタナに密使を送り、パルメニオンが息子の処刑を知る前に、彼を謀殺しました。こうして東方協調路線への反対勢力の中心人物が、一挙に排除されたのです。

ローマ帝政初期のセイヤヌス事件や第二次世界大戦時のドイツのロンメル事件にもたとえられるこのフィロタス事件は、実に謎めいた事件です。フィロタスが実際にアレクサンドロス暗殺の陰謀に関与していたのかは定かではなく、歴史家たちの見解も分かれています。近年は、たまたま発覚した陰謀事件に乗じてフィロタスは罠《わな》にかけられて処刑された、と見るのが主流になっています。

では、罠にかけたのは誰なのでしょうか。この事件では、クラテロスやヘファイスティオンといった、かねてからフィロタスと対立していた側近たちが率先してフィロタスを糾弾《きゅうだん》しています。こうした反フィロタスの側近たちが結束し、フィロタスを追い落とそうと画策したのかもしれません。そしてアレクサンドロスは、その機をすかさずとらえて、東方協調路線への最大の障害である重鎮パルメニオンの排除をも狙ったのでしょう。

この事件は、東方協調路線をめぐる遠征軍内部の政治的対立がもたらした粛清事件と解釈されていますが、それのみならず、王の寵《ちょう》を得て出世しようとする側近たちの激しいつばぜり合いという、マケドニアの社会の極めて競争的な特質も、その背景にあったと見るべきでしょう。

将兵たちの間で人望の厚かったパルメニオンの謀殺は、遠征軍のなかに大きな憤激を引き起こしました。アレクサンドロスは、軍のなかの不平分子を集めて「未練成部隊」という懲罰部隊を編制するなどの対応に追われます。フィリポスの代からの重臣であるパルメニオンに対する将兵たちの追慕は、「フィリポス追慕」とも重なり合い、アレクサンドロスにとってますます大きな足枷《あしかせ》となっていったのでしょう。

中央アジアでの苦戦

こののち、遠征軍は酷寒《こっかん》のヒンドゥークシュ山脈に入り、カブールでの冬営の間に「コーカサスのアレクサンドリア」を建設しました。翌前三二九年春にはバクトリアの灼熱《しゃくねつ》の砂漠を踏破《とうは》して、オクソス川（現アムダリア川）に達します。対岸に広がるソグディアナで、ベッソスは焦土作戦をとってアレクサンドロスの進撃をくいとめようとしましたが、仲間の裏切りによりアレクサンドロスに引き渡されました。アレクサンドロスはベッソスの身柄をエクバタナに送り、処刑しました。

遠征軍はさらに北上し、アカイメネス朝の北の境界となっていたヤクサルテス川（現シルダリア川）まで進出します。アレクサンドロスは、将来のスキタイ遠征のために、その河畔《かはん》に「最果てのアレクサンドリア」を建設しました。

しかしまもなく、豪族スピタメネスのもとでソグディアナの住民が一斉に蜂起し、アレクサンドロスはその鎮定に丸二年を費やすことになります。ソグディアナ地方の抵抗戦を組織指導したスピタメネスは、ベッソスを捕縛してアレクサンドロスに引き渡した張本人で、今や、東方遠征におけるまさしく最大の強敵として立ち現れたのです。

東方遠征の全過程を通じて最も苦戦を強いられたこの時期、アレクサンドロスは初めて地元住民全体を敵として戦いました。この地域で長期にわたって民族的抵抗が続いたのは、指導者スピタメネスの卓越した軍事的手腕や豪族としての威信によるところも大きいですが、何よりも、アレクサンドロスの遠征軍が地元住民にとって、土着の生活と伝統を根底から破壊する、憎むべき侵略者集団に他ならなかったからでしょう。

アレクサンドロスは、険峻な山砦《さんさい》に立てこもる地元住民の頑強な反撃や同時多発のゲリラ遊撃戦に苦しみます。この時期、住民を大量に殺戮《さつりく》するすさまじい殲滅《せんめつ》戦が各地で繰り広げられました。蜂起の最大の拠点となったキュロポリスでは、八〇〇〇人が惨殺《ざんさつ》され、捕虜となった住民は最果てのアレクサンドリアに強制移住させられました。

クレイトス刺殺事件

そうした凄惨《せいさん》を極めた平定戦のさなかに起きたのが、クレイトス刺殺事件です。

前三二八年秋、遠征軍がソグディアナ地方の都マラカンダに宿営していたとき、新たにバクトリアの総督に任ぜられた側近クレイトスの壮行会を兼ねた饗宴《きょうえん》が催されました。その宴席で、かねてより東方協調路線に不満を募らせていたクレイトスは、酔った勢いに乗じてその憤懣《ふんまん》をぶちまけ、アレクサンドロスを公然と批判します。酩酊《めいてい》していたアレクサンドロスは、怒りのあまり、衝動的にクレイトスを槍《やり》で刺し殺してしまうのです。

ローマの文人たちによってとりわけ手厳しく非難されるこの流血事件は、東方協調路線への反発が招いた一連の粛清事件の一つとして、政治的な文脈で解釈されています。クレイトスがバクトリアの総督に任命されたのも、マケドニア中心主義の彼を遠征軍から遠ざけるという、一種の左遷《させん》人事だったようです。だからこそ、饗宴でクレイトスの不満が爆発したのでしょう。

しかし、先のパルメニオン・フィロタス父子処刑事件や、次に見るカリステネス処刑事件とは異なり、この一件はあくまでも、乱酔の末の衝動的な殺人事件です。現に、我に返ったアレクサンドロスは、幼なじみであり、グラニコス河畔の戦いでの命の恩人でもあるクレイトスを自らの手で刺殺したことへの、激しい悔恨《かいこん》と自責の念に苛《さいな》まれたといいます。アレクサンドロスはなぜ、かくも逆上し、衝動的な殺人に走ったのでしょうか。

アメリカの歴史家L・A・トリトルは、このときのアレクサンドロスの心理状態を、PTSD（心的外傷後ストレス障害）という観点から解き明かそうとしています。バクトリアやソグディアナでの苛烈《かれつ》な戦闘の連続による過度のストレスがアレクサンドロスのPTSDを引き起こし、彼は正常な判断ができる精神状態にはなかった、とトリトルは解釈します。ヴェトナム帰還兵であり、自らもPTSDに苦しんだというトリトルの説は、説得力に富みます。この時期、アレクサンドロスに限らず、クレイトスも含め将兵誰もがPTSDと言える状態にあったとしても不思議はありません。

そうしたPTSDや政治路線の対立といった要因に加えて、この事件のもう一つの核心は、おそらく、フィリポスに対するアレクサンドロスの強烈なコンプレックスにあるのでしょう。クレイトスは、アレクサンドロスを公然と非難するなかで、かつてのフィリポスの功績を数えあげ、それら全てをアレクサンドロスの功績にまさるものとして称《たた》えたといいます。さらに、アレクサンドロスが自らを「神の子」と称して父フィリポスを否認していることを、痛烈に批判しました。アレクサンドロスをかくも逆上させ、衝動的な殺人へと駆り立てたのは、何よりも、クレイトスの口から飛び出したフィリポスの「亡霊」だったのです。クレイトス刺殺事件は、まずもって父子の「相剋《そうこく》」が招いた悲劇ととらえることもできるでしょう。

跪拝礼の導入

スピタメネスは、その後も神出鬼没の動きを見せながらマケドニア軍に痛撃を加えましたが、前三二八年初冬、同盟したスキタイ人の裏切りにより殺害されました。ソグディアナの抵抗は彼の死後も半年あまり粘り強く続きますが、前三二七年春、ようやくこの地方を制圧したアレクサンドロスは、ソグディアナの豪族オクシュアルテスの娘ロクサネを妻に迎えま

図25　イル・ソドマ『アレクサンドロスとロクサネの結婚』 1517年頃。ローマ、ヴィラ・ファルネジーナ蔵

す。これは、二年に及ぶ苛烈な平定戦の終結と和解を象徴する、一種の政略結婚でした。

ちょうどこの頃、バクトリア地方の都バクトラで、アレクサンドロスは跪《き》拝礼《はいれい》を導入しようと試みています。跪拝礼は、ペルシア王に謁見する際にひざまずいて平伏する宮廷儀礼です。アカイメネス朝が事実上滅亡して以降、帰順したペルシア人貴族からすでにこの跪拝礼を受けていたアレクサンドロスは、遠征軍のマケドニア人やギリシア人にも、自らに跪拝の礼をとることを要求したのです。しかし、ギリシア世界では跪拝の礼をとるのは神々に嘆願する場合に主として限られ、人間に対してそれを行うのは恥ずべき屈従《くつじゅう》の印と見なされていました。跪拝礼はマケドニア人やギリシア人の反発を招き、とりわけカリステネスが強く反対したことが契機となって、アレクサンドロスの試みは頓挫《とんざ》したと伝えられています。

このとき跪拝礼の導入を図ったアレクサンドロスの意図については様々な議論があります

が、彼の主たる目的は、宮廷儀礼を一元化することにあったと考えられています。帰順したペルシア人貴族たちがすでにアレクサンドロスに対して跪拝礼を実践しているなかで、マケドニア人やギリシア人がこれを行わないままでいるのは、アレクサンドロスが王ではないという印象をペルシア人に与えてしまうため、彼は統一的な宮廷儀礼を確立しようとしたのでしょう。しかし結局、マケドニア人やギリシア人の反発によりアレクサンドロスも断念し、以後は、ペルシア人ら東方の人々のみが跪拝礼を実践することになります。

ただし、カリステネスが跪拝礼に強く反対したという伝承には、注意が必要かもしれません。カリステネスは、この直後、次に見る近習《きんじゅ》たちの陰謀未遂事件に関与したとして、アレクサンドロスによって逮捕され、処刑されています。アレクサンドロスに処刑されたことで、ローマ時代になると、彼は暴君ネロに自決を強いられた哲学者セネカに比定され、「暴君に抵抗した気高《けだか》い哲学者」というイメージで語り継がれていきます。そうすると、史料に伝えられる跪拝礼に対するカリステネスの断固たる抵抗も、そうしたイメージから生まれた、一種の「伝説」だったのかもしれません。

カリステネスの死

跪拝礼の一件ののちまもなく、東方協調路線をめぐって遠征軍内部でくすぶっていた不満が、またもや事件を引き起こしました。九人の近習がアレクサンドロス暗殺の陰謀を企てたのです。陰謀の直接の原因は、近習の一人ヘルモラオスが狩猟の際にアレクサンドロスに先んじて獲物をしとめたことで彼の怒りを買い、鞭《むち》で打たれたうえに馬まで取りあげられてしまったことへの恨みによるものでした。陰謀は未遂に終わりましたが、逮捕されたヘルモラオスらは、裁判で東方協調路線への鬱積《うっせき》した不満を爆発させ、アレクサンドロスの専制と横暴を弾劾《だんがい》した挙げ句、処刑されました。

そして、近習たちの教師として慕われていたカリステネスも、この陰謀に加担したとして逮捕されます。彼が本当に陰謀に関わっていたのかは不明ですが、歴史家たちの多くは、先の跪拝礼の一件でアレクサンドロスの不興を買ったカリステネスが、たまたま起きた陰謀事件に乗じて排除されたのだろう、と推測しています。前述のように跪拝礼へのカリステネスの抵抗が後世の「伝説」だったとしても、アリストテレスと同様に異民族に対する明確な差別意識を持ち、近習たちへの影響力も大きいカリステネスは、東方協調路線を推し進めるアレクサンドロスにとって目障りな存在であり、アレクサンドロスは、そんな彼を排除する機会を狙っていたのでしょう。カリステネスのライバルだったと伝えられる宮廷哲学者のアナクサルコスらがそうした企《たくら》みに一枚噛《か》んでいたという説もあり、そうすると、先のフィロタス事件と同様、王の寵を競う側近たちの熾烈《しれつ》な争いという構図も、この一件の背景にあったのかもしれません。

逮捕されたカリステネスのその後については、様々な伝承があります。拷問《ごうもん》の末に縛り首にされたとも、鉄の檻《おり》に入れられたまま各地を引き回された挙げ句ライオンの餌食《えじき》になったとも、鎖につながれて七カ月監禁されたのちに全身を虱《しらみ》に喰《く》われて死んだとも伝えられています。彼の死についてのこうした様々な伝承も、「暴君に抵抗した哲学者」の壮絶な最期という、後世の「伝説」の一環だったのでしょう。

こうして反対派が次々と排除され、アレクサンドロスの東方協調路線に協力的な側近たちが遠征軍の主導権を握るようになっていきます。

「暴君」アレクサンドロス

ポンペイウス・トログスやクルティウスなどのローマの文人たちは、この時期のアレクサンドロスが東方世界の慣習に溺れて堕落し、「暴君」へと変貌していくさまを、繰り返し描き出しています。とりわけ、クレイトスの刺殺とカリステネスの処刑は、そうした「暴君」アレクサンドロスの堕落の証《あかし》として、痛烈に非難されています。

アレクサンドロスは、本当に、「暴君」と化していったのでしょうか。確かにこの時期、アレクサンドロスに対する陰謀事件が頻発し、彼は、フィロタス、パルメニオン、クレイトス、カリステネスと、反対派を立て続けに排除していきました。

しかし、王暗殺の陰謀事件はマケドニアにおいてはこれまでもしばしば見られましたし、即位後のアレクサンドロスがアッタロスやアミュンタス四世らを次々と殺害したように、彼が反対派やライバルを断固として根絶するのは、今に始まったことではありません。また、クレイトス刺殺のような饗宴での流血沙汰は、その痛飲《つういん》ぶりで名高いマケドニア人の間では珍しいことではありませんでした。フィリポスにしても、アレクサンドロスとの決裂に至った前三三七年の祝宴において、剣を抜いてアレクサンドロスに斬りかかっています（このときは、酩酊していたフィリポスが転んだため、流血沙汰には至らなかったのですが）。さらに、フィロタス事件やカリステネス処刑には、マケドニア特有の、王の寵を競う側近たちの争いという要因も背景にあったようです。

結局のところ、アレクサンドロスの「暴君」化を示すとされる一連の事件は、マケドニアの伝統という枠のなかで十分に理解できますし、彼の行動パターンがこの時期に変化したわけではないのです。この時期のアレクサンドロスを「暴君」と言うなら、彼は最初から「暴君」だったと言うべきでしょう。

ローマが東方のパルティアと対峙《たいじ》していた時期、ローマの文人たちは、東方世界の退廃と堕落を強調し、東方の慣習を採用することの危険を示そうとしました。それゆえ彼らは、東方の慣習に染まって堕落し、次第に「暴君」と化していくというアレクサンドロス像を、東方世界がもたらす危険性を警告するための格好の事例として、好んで描き出したのです。

インドへの侵攻

前三二七年初夏、アレクサンドロスはバクトラからインドへ向けて進発しました。インダス川までは、アカイメネス朝の宗主権《そうしゅ》は名目上のものにすぎなくなっていたにせよ、かつてダレイオス一世が支配下に収めた、れっきとしたペルシア帝国領です。アレクサンドロスがなぜインドにまで進軍したのかについては諸説ありますが、ともかくも、バクトリアとソグディアナを苦戦の末に制した今、アカイメネス朝の旧領接収の総仕上げをすることが可能となったのです。

遠征軍は再びヒンドゥークシュ山脈を越え、コーカサスのアレクサンドリアに数カ月滞在し、インド侵攻の準備を整えました。秋、スワート地方へ進軍し、その平定にさらに半年を費やします。またしても抵抗する町は容赦なく破壊し、徹底した殲滅戦を展開しました。

翌前三二六年春、この平定戦の締めくくりとして、住民たちが立てこもるアオルノスの砦《とりで》を攻撃します。ギリシア人が「鳥の棲《す》まない山」と呼んだアオルノスは、周囲三六キロ、高さ二〇〇〇メートル以上もの険阻な岩山で、かのヘラクレスが三度挑戦しても落とせなかったという伝説の砦です。この伝説を聞いたアレクサンドロスは、アオルノスを是が非でも攻め落としたいという願望に取り憑《つ》かれたと伝えられています。彼は東方遠征で最大と言われる山岳戦を制し、ついにこの砦を攻略しました。一九世紀以来、アオルノスの場所を突きとめようとする幾多《いくた》の踏査が試みられ、論争の的になっていましたが、探検家オーレル・スタインの一九二六年の踏査によって現在のピル・サル峰であることが確認され、定説となっています。

続いてインダス川を渡り、タクシラ王国の首都タクシラに進みます。そして同年五月、すぐ南のヒュダスペス川（現ジェルム川）で、パンジャブ地方の広大な国の王ポロスと対決しました。東方遠征最後の会戦となる、ヒュダスペス河畔の戦いです。アレクサンドロスは陽

図26　シャルル・ル・ブラン『アレクサンドロスとポロス』 1673年。パリ、ルーヴル美術館蔵

動作戦により上流で本隊を渡河《とか》させ、先制攻撃をしかけます。混戦の末、二〇〇頭もの戦象を擁するポロスの大軍を撃破し、この最後の会戦も勝利で飾りました。アレクサンドロスはポロスの武勇を称えてその所領を安堵《あんど》し、彼を同盟者として厚遇しました。

このとき、アレクサンドロスは勝利を記念して川の両岸に二つの都市を建設しました。東岸の都市は勝利を意味するニカイア、西岸の都市は死んだばかりの愛馬ブケファラスに因《ちな》んでブケファラと名付けられました。

アレクサンドロスは、さらに東へと軍を進めます。次のアケシネス川（現チェナブ川）に軍が到達した頃から、パンジャブ地方は本格的な雨季に入りました。降り続く豪雨のなか、川床《かわどこ》を越えて氾濫《はんらん》する濁流にのまれながらの行軍は難渋《なんじゅう》し、将兵たちの疲弊《ひへい》は極限に達していました。次のヒュドラオテス川（現ラヴィ川）も何とか越え、七月、ようやくインダス川の最後の支流ヒュファシス川（現ベアス川）に到達しました。

ヒュファシス河畔の「騒擾」

アレクサンドロスはここで、この地方の土侯から、川のさらに東には巨大なガンジス川が流れ、肥沃《ひよく》な国土が広がることを伝え聞き、新たな目標に心を躍らせます。しかし、いつ果てるとも知れぬ征旅への不安と恐怖に圧倒された将兵たちは、これ以上の前進を拒みました。アレクサンドロスは雄弁を振るい、必死で彼らの説得を試みますが、マケドニアを離れてすでに八年、一万八〇〇〇キロにも及ぶ長征に倦《う》み疲れた将兵の拒絶の意志は固いものでした。指揮官たちを集めた会議で、側近のコイノスが、遠征を中断してマケドニアに帰ることをアレクサンドロスに強く進言します。こうして、不本意ながらも、ついにアレクサンドロスは反転を決意するに至りました。

以上が、ローマ時代の五篇《へん》の作品が一致して伝えている、ヒュファシス河畔の「騒擾《そうじょう》」です。東方遠征最後の劇的な事件として知られるこの「騒擾」は、アレクサンドロスはどこまで進むつもりだったのかという問題を考えるうえでも、重要なエピソードとされています。大半の歴史家は、ローマ時代の史料が伝える経過をそのまま受け入れて、さらなる東進をめざしていたアレクサンドロスは将兵の拒絶でやむなく反転したととらえ、彼の遠征計画には限界がなかったと解釈しています。

アレクサンドロスは、本当に、ヒュファシス川を越えてさらに東へ進もうとしていたのでしょうか。彼の遠征計画は、果てしなくふくらんでいったのでしょうか。

実のところ、アレクサンドロスは、初めからヒュファシス川で反転することを計画していたのかもしれません。彼はヒュダスペス川から東へ進軍する前に艦隊の建造を命じており、これは、ヒュファシス河畔で反転したのちにインダス川を下って帰途につくという計画を立てていたことを示唆《しさ》します。アレクサンドロスは、アカイメネス朝のかつての東の境界がヒュファシス川だったことを知っており、ここまで進軍することで、アカイメネス朝の旧領全てを掌握して征服を完結させようとしていたのかもしれません。そうだとすると、アレクサンドロスは未知の世界へどこまでも突き進もうとする夢想家ではなく、遠征の東限を明確に定めていた冷静なリアリストということになります。

実際、アレクサンドロスはヒュファシス川を越えて進軍することを意図してはいなかったという説は、一九世紀末から一部の歴史家たちによって唱えられてきました。では、ローマ時代の史料が一致して伝える「騒擾」を、どう解釈すればよいのでしょうか。これについては、三通りの説があります。まず、将兵たちの「騒擾」が起こったのは事実ですが、もともと反転を予定していたアレクサンドロスはこれを歓迎した、という説。次に、アレクサンドロスが「騒擾」を仕組んだ、という説。彼は自分の「世界征服者」としてのイメージを保つために将兵たちに「騒擾」を起こさせ、反転を余儀なくされたように演出した、というのです。最後に、そもそも「騒擾」は起こらなかった、と見る説。つまり、全てローマ時代の創作であり、ローマの文人たちが、ヒュファシス河畔でのアレクサンドロスの反転を説明するために「騒擾」をでっちあげた、という見方です。

これらの説をめぐってはそれぞれ賛否両論ありますが、「騒擾」自体を創作と見る説は、ローマ時代の史料が「ローマの創造物」であることを強調する近年の潮流のなかで、説得力を持ちます。数々の権力者たちが「世界征服者」の象徴としてアレクサンドロスを模倣《もほう》し、彼のイメージが著しく拡大していたローマ時代、アレクサンドロスは、「英雄」であるにしろ「暴君」であるにしろ、果てしない野望に突き動かされ、世界の果てまで極めようとする征服者に他なりませんでした。そんなローマ時代に生きる文人たちは、ヒュファシス河畔で自発的に反転するアレクサンドロスは理解できず、将兵たちの拒絶に屈してやむなく反転するというアレクサンドロスを創造したのかもしれません。ヒュファシス河畔で引き返すことに納得がいかなかったのは、アレクサンドロス自身ではなく、ローマの文人たちだったのでしょう。

名高いヒュファシス河畔の「騒擾」は、アレクサンドロスの東方遠征史における最大のフィクションだったのかもしれません。

東方遠征の完了

こうして、遠征軍はようやく帰還の途につきます。ヒュダスペス河畔のニカイアまで戻り、前三二六年一一月、ここから、大小合わせて二〇〇〇隻もの大船団でインダス川下りを開始しました。この時期、インダス川流域の各地で、帰順を拒否する住民たちとの激戦が続きます。凱旋《がいせん》帰国の途についたとばかり思っていた将兵たちの楽観は打ち砕かれ、至るところで見さかいのない無差別殺戮が繰り広げられました。アレクサンドロス自身も、剽悍《ひょうかん》なマッロイ人との戦闘で敵の矢に胸当てを射抜かれ、瀕死《ひんし》の重傷を負っています。

この頃、イラン東部の不穏な情勢がアレクサンドロスのもとに伝えられ、彼は側近クラテロスを指揮官とする別働隊を編制して、内陸のアラコシアとドランギアナ地方を進ませました。前三二五年夏、本隊が河口に近いパタラに到着すると、アレクサンドロスは側近ネアルコスにペルシア湾までの探検航海を命じ、自らは陸路で西へ向かいます。丸二カ月にわたる炎熱のゲドロシア砂漠の踏破は酸鼻《さんび》を極め、おびただしい数の犠牲者を出し、翌前三二四年二月、ようやくペルシアの旧都スーサに帰り着きました。

こうして艱難辛苦《かんなんしんく》の末に帰還した彼は、ペルシア人総督たちの著しい腐敗ぶりに直面します。もはやアレクサンドロスが戻ってくることはあるまいと思った総督たちは自立傾向を強め、彼らの統治は不正乱脈の限りを尽くしていました。アレクサンドロスは、今さら戻ってきてもらっては困る存在だったのです。

前三二五年末から翌前三二四年春にかけて、アレクサンドロスは、数多くの総督たちを不法統治、神殿略奪、反乱の企てなどの罪で解任し、処刑しました。アレクサンドロスは前三三一年以来、ペルシア人を次々と総督に任命していましたが、彼が任命した一六人のペルシア人総督のうち、実に半数がこのときの粛清の対象になっています。彼の東方協調路線は、大きな後退を強いられることになりました。

そうした一連の粛清ののち、前三二四年春、アレクサンドロスはスーサで集団結婚式を執り行い、約八〇人の側近たちにペルシア人貴族の女性を娶《めと》らせました。これは、側近のマケドニア人貴族たちをペルシアの新しい支配層として確立するための方策でした。同時に、一万人を超える兵士たちにアジア人女性との結婚を認め、五日間にわたってペルシア風の盛大な祝宴を催しました。

アレクサンドロス自身もこのとき、ペルシア王家のスタテイラ（ダレイオス三世の娘）とパリュサティス（アルタクセルクセス三世の娘）を妻に迎えています。ペルシア王家の二つの血統を手に入れ、今や名実ともに、アカイメネス朝の正統な継承者として帝国に君臨することになったのです。

オピスの和解

東方遠征が完結して、アレクサンドロスの軍の編制も大きく変わります。遠征軍には、すでに前三二八年頃から兵員補充のためにアジア人の部隊が編入されていましたが、スーサへの帰還後、軍全体が再編制されてアジア人の比率がさらに高まることになりました。東方で三年間にわたってマケドニア式の軍事訓練を受けていたアジア人の兵士三万人がこのときスーサに到着し、アレクサンドロスは彼らを「後継者《エピゴノイ》」と呼んで迎えました。さらに、東方出身の騎兵をマケドニア騎兵部隊に配属し、ペルシア人貴族を王直属の親衛騎兵隊に抜擢《ばつてき》しました。これらの措置はマケドニア人将兵の不満をかき立て、前三二四年夏、騒擾事件に発展します。アレクサンドロスの生涯最後の大事件となる、「オピスの騒擾」です。

事件は、ティグリス河畔の町オピスで、アレクサンドロスがマケドニア人古参兵《こさんぺい》約一万人の除隊と帰国を発表したことから始まりました。マケドニア人兵士たちの鬱積した不満は、ついにアレクサンドロスに対する公然たる非難となって噴出し、これに激怒したアレクサンドロスは兵士一三人を処刑します。騒擾から三日目、アレクサンドロスがアジア人だけからなる全面的な軍の再編方針を発表すると、兵士たちはこぞって彼に許しを請いました。こうして和解がなり、九〇〇〇人を招いた盛大な饗宴が開かれました。こののち、クラテロスが古参兵たちを率いてマケドニアに帰国することになりました。

第2章で引用した「オピス演説」（五一頁参照）は、この騒擾の際にアレクサンドロスがマケドニア人兵士たちを前に行ったとされる演説です。彼は、父フィリポスの功業から説き起こし、さらにそれをも上回る自身の大業を兵士たちに語り聞かせたのです。

前述のように、イッソスでの勝利の頃からアレクサンドロスはフィリポスの名前を口にすることはなくなり、父の記憶から距離を置き、さらには「神の子」を自任して父との訣別《けつべつ》を図りながら、父の「亡霊」と戦っていました。しかし、インダス川流域までの征服を成し遂げ、父が果たせなかった東方遠征を見事なまでに完遂して父を確実に凌駕《りようが》した今、ようやく父の「亡霊」から解放され、兵士たちの前で父の功績を素直に称えることができたのでしょう。この頃、アレクサンドロスがフィリポスのためにエジプトのピラミッドに匹敵するような墓廟《ぼびょう》を造営することを計画していた、と伝える史料もあります。

「オピスの和解」を経て成立した新帝国軍は、マケドニア人古参兵の除隊により、マケドニア人の比率がいっそう低下することになりました。「フィリポス個人に直結した軍隊」であり、時としてアレクサンドロスにとって足枷となったマケドニア国民軍に、彼はもはや頼る必要はなくなり、こうしてフィリポスの「亡霊」はますます薄れていったのでしょう。オピスにおけるマケドニア人兵士たちとの和解は、アレクサンドロスにとって、父との「和解」でもあったのかもしれません。

最期の日々

前三二四年秋、東方遠征の完結を記念する盛大な祝典がエクバタナで催されました。このとき、アレクサンドロスの無二の親友へファイスティオンが急死します。アレクサンドロスの悲嘆は尋常ではなく、へファイスティオンのために大規模な葬儀を営み、彼を半神として祀《まつ》りました。同年冬、ザグロス山中に住むコッサイオイ人を攻め、容赦ない殺戮を繰り広げましたが、これは、ヘファイスティオンの慰霊のためだったとも伝えられています。

　こうしたアレクサンドロスの悲嘆は、ホメロスの『イリアス』における親友パトロクロスの死を悼《いた》むアキレウスを思い起こさせ、後代の史料において、アレクサンドロスをアキレウスに、ヘファイスティオンをパトロクロスになぞらえる傾向を生み出しました。さらに、アキレウスのごとく、アレクサンドロス自身がこののちまもなく若死にしたことも、そうした傾向を加速させます。ローマ時代の史料では、東方遠征の途上でアレクサンドロスがしばしばアキレウスに自己を同化させる行動を見せたと描かれますが、それは、こうした彼の晩年に生じた伝承に大きく影響されていると見るべきです。

　一〇年に及ぶ東方遠征の終了は、ギリシア世界にも少なからぬ変化をもたらしました。東方遠征中のギリシアは、スパルタが反旗を翻《ひるがえ》す一幕はあったものの、総じて平穏な状況にあり、「マケドニアの平和《パクス・マケドニカ》」とも言うべき、一種の安定が保たれていました。しかしそうした状況も、アレクサンドロスがスーサに帰還するに及んで、雲行きが変わってきます。

　前三二五年末、アレクサンドロスは、総督たちの力を弱めるために、アジア一円の総督が保有する傭兵《ようへい》の解散を命じる「私兵解散令」を発布しました。これによって解雇された膨大《ぼうだい》な数のギリシア人傭兵をアジアから一掃するため、前三二四年夏、ギリシアに向けて「亡命者復帰王令」を布告します。諸ポリスの大量の亡命者を一挙に帰国させることを命じるこの王令は、ギリシア世界の安定を大きく揺るがすことになりました。

さらに、アレクサンドロスの遠征中に公金を使い込んで放埒《ほうらつ》の限りを尽くしていた財務長官ハルパロスが、前三二四年初夏、多額の公金と傭兵を携えてアテネに亡命します。このハルパロス事件は、アテネの政界に大きな紛糾をもたらしました。

そしてまた、マケドニア本国の代理統治者であるアンティパトロスとアレクサンドロスの関係も、ひどく険悪化していました。フィリポスの代からの重臣で、フィリポスが暗殺された際には真っ先にアレクサンドロス擁立を表明し、強力な後ろ楯《だて》となったアンティパトロスでしたが、その後、二人の関係に次第に影がさし始めます。前三三〇年にパルメニオンがアレクサンドロスの命で謀殺されたことは、次に排除されるのは自分ではないかという危惧をアンティパトロスの心に植えつけたことでしょう。アレクサンドロスの遠征中に、アンティパトロスと王母オリュンピアスは熾烈な中傷合戦を繰り広げていたとも伝えられています。

前三二四年夏、アレクサンドロスはアンティパトロスを代理統治者の地位から解任してバビロンに召還し、クラテロスをその後任にするという決定を下します。彼は、東方協調路線の大きな妨げとなる重鎮アンティパトロスを更迭《こうてつ》することによって、マケドニア本国におけるフィリポス的なマケドニア中心主義の一掃を図ったのでしょう。

そうした緊迫した情勢のなか、アレクサンドロスはバビロンを自らの帝国の首都に定め、新たな遠征計画に取りかかります。次なる目標は、インド洋交易の拠点であり、香料の産地としても名高いアラビア半島の周航遠征です。大艦隊の建造、バビロン港の拡張工事、三次にわたる偵察隊の派遣といった準備が、着々と進められました。

ところが、その遠征出発を目前にした前三二三年六月、アレクサンドロスは、バビロンで突然の熱病に倒れました。

『王室日誌』と呼ばれる病床記録には、彼が日に日に弱っていくさまが克明に綴《つづ》られています。彼は病床から側近たちに指示を与えていましたが、やがて、口をきくこともできないまでに容態が悪化していきました。そして、発病から一〇日目となる六月一〇日の夕刻、アレクサンドロスはついに、その激動の人生の幕を閉じたのです。三二歳と一一カ月。王位にあること一三年でした。

死因については、マラリア、急性膵炎《すいえん》、腸チフス、西ナイル熱など、様々な説がありますが、すでに当時から毒殺の噂《うわさ》も流れ、その犯人として、アレクサンドロスとの関係が悪化していたアンティパトロスやアリストテレスの名前があげられていたといいます。

なぜペルシアを征服できたのか

アレクサンドロスは、その一三年の治世の大半を東方遠征に捧《ささ》げ、数々の華々しい戦勝をあげてオリエントの大帝国アカイメネス朝を打ち倒し、歴史に比類なき足跡を残しました。

アレクサンドロスのペルシア征服を実現に導いたのは、まずもって、父フィリポスから受け継いだ天下無比を誇るマケドニア軍です。アレクサンドロスの治世には、戦争の技術や装備自体に目立った革新は見られません。しかし、彼が父の軍隊のポテンシャルを最大限まで高めることに成功した天才的な軍事指揮官だったのは確かです。

アレクサンドロスは、イッソスでもガウガメラでも、数のうえでまさるペルシアの軍勢に対し、その水際《みずぎわ》立った指揮と巧みな用兵でめざましい勝利を収めました。常に、戦場の地形の不利な条件を見事に克服して臨機応変な戦術をとり、先手を打って迅速果敢《じんそくかかん》に攻め込みました。軍の補給という死活問題を踏まえて進攻の時期とルートを慎重に選び抜き、正面対決の激突戦、何カ月にも及ぶ攻囲戦、山岳地帯でのゲリラ戦など、多種多様な戦争にも柔軟に対応し、確実に勝利をもぎとりました。

軍事史家のA・フェリルは、「大軍の指揮官として、アレクサンドロスの手腕はあまりにも傑出しており、それを表現するには最大級の賛辞をもってしても足りないように思われる」と絶賛しています。アレクサンドロスを否定的に評価する歴史家たちも、その軍事指揮官としての卓越した手腕だけは認めています。アレクサンドロスを「戦術と兵站のすばらしさを除けば、見るべきものはほとんどない飲んだくれのチンピラ」と呼ぶV・D・ハンソンの辛辣《しんらつ》な言葉は、その一例です。その卓抜《たくばつ》な軍事的手腕は、毀誉褒貶《きよほうへん》のうずまくアレクサンドロスについての、唯一のコンセンサスと言えるかもしれません。

しかし、当然のことながら、アレクサンドロスはそうした軍事的成功だけでペルシア帝国を滅ぼすに至ったわけではありません。アレクサンドロスがペルシアを征服するにあたって重要な役割を果たしたのが、彼の推進した東方協調路線です。

東方協調路線の意義

アレクサンドロスは、前三三一年にペルシア人マザイオスを引き続きバビロニア総督に任命したのを皮切りに、ペルシア人を積極的に総督や高官に登用する東方協調路線を進めました。しかしこうした方針は、このとき初めて採用されたわけではありません。アレクサンドロスは、前三三四年に小アジアの拠点サルデイスを占領した際、帰順したペルシア人の駐留軍指揮官ミトレネスを側近に取り立てています。ペルシアの旧支配層を自らの支配体制に取り込むという彼の方針は、すでに東方遠征の序盤から始まっていたのです。

アレクサンドロスは、ペルシア王とペルシア人貴族の間の個人的な互酬《ごしゅう》関係がアカイメネス朝の支配体制の要《かなめ》であること、そして、その広大な領土を統治するためにはペルシア人貴族とのそうした互酬関係の構築が不可欠であることを、十全に理解していました。彼は、ペルシア人貴族がペルシア王のもとで得ていた恩恵や特権をそのまま彼らに保証することで、彼らの忠誠を勝ちとり、その個人的な互酬関係をそっくり自分に移すことに、早い段階から成功したのです。ダレイオス三世にとってガウガメラでの敗北以上に大きな打撃となったのは、バビロンとスーサがアレクサンドロスに無血開城したことだと言われますが、この二つの都の無血開城こそ、アレクサンドロスのそうした方針の成果でした。アレクサンドロスは、総督のマザイオス、アブリテスとの間に新たな互酬関係を構築し、彼らの忠誠を得ることによって、バビロンとスーサを平和裏に占領できたのです。

アレクサンドロスは、征服地の統治にあたってアカイメネス朝の行政機構に変更を加えず、ペルシアの伝統を尊重し、宮廷儀礼や慣習もそのまま受け継ぎました。結果として、アレクサンドロスによる征服後、支配者は交代したものの、政治や経済、社会のあり方におけるアカイメネス朝の要素はほぼ手つかずのまま残りました。そうしたことから、アレクサンドロスは「アカイメネス朝の継承者」だった、としばしば言われますが、これは結果論ではなく、彼は遠征当初より「アカイメネス朝の継承者」としてのぞんだからこそ、ペルシア征服に成功したと見るべきでしょう。

そしてその背景には、第2章で見たようなペルシアとマケドニアの長年の交流によって、アレクサンドロスがペルシアの統治システムを知悉《ちしつ》していたことがあります。プルタルコスは、マケドニアの宮廷を訪れたペルシアの使節団に対して、少年時代のアレクサンドロスがペルシアの交通網やペルシア王の戦術、ペルシア人の気質などについて鋭い質問を立て続けに発したと伝えていますが、これも、ペルシアの統治システムに対する彼の強い関心を裏付けるものです。

このように、個人的な互酬関係に基礎を置くペルシアの統治システムを知り尽くし、ペルシア人貴族との新たな互酬関係を構築することでアカイメネス朝の制圧に成功したアレクサンドロスでしたが、その後さらに東へと果てしなく進軍を続けたことで、そうした互酬関係は断ち切られ、ペルシア人総督たちの著しい不正乱脈を招くことになります。こうして東方協調路線が後退を余儀なくされたのは、彼の大きな失敗だったと言えるでしょう。

アレクサンドロスの原動力

それにしても、北はヤクサルテス川、東はインダス川流域にまで及ぶ果てしない遠征行へとアレクサンドロスを駆り立てたものは、いったい、何だったのでしょうか。

歴史家たちの議論は様々ですが、不滅の名誉を求め、自らの無限の可能性を追求しようとするポトスが彼を内面から突き動かしていた、という解釈が主流になっています。ポトスとは、衝動・願望を意味するギリシア語で、アリアノスは、その作品のなかでアレクサンドロスの遠征の動機としてこの言葉をしばしば使っています。このアリアノスの言葉に特別の意味を見出《みいだ》したのは、ドイツの歴史家V・エーレンベルクです。彼は一九三〇年代に、このポトスこそ、アレクサンドロスを駆り立てた未知のものへの限りない憧憬《しょうけい》、世界の果てまで極めようとする抑えがたい願望であるととらえ、その後の研究に大きな影響を与えたのです。空前の大征服の原動力は、アレクサンドロスのこうしたつかみどころのない非合理な情念のほとばしりとしてしか、説明できないのかもしれません。

ただし、その「ポトス」に、父フィリポスの影を見出すことも可能でしょう。

ホメロスの叙事詩に描かれた英雄社会の価値観を強く保っていたと言われるマケドニアは、

何よりも名誉を重んじる、極めて競争的な世界です。不滅の名誉を求め、互いに激しく競い合う。アレクサンドロスの行動は、そんなマケドニアの社会を象徴するかのように、絶えず誰かと張り合い、抜きん出ようとする強烈な競争意識に貫かれています。

彼は東方遠征の過程を通じて、アオルノス砦の攻略に固執したように、ヘラクレスを凌駕しようとする行動を盛んに見せました。シウァ・オアシスのアモン神殿を訪れたのも、ヘラクレスとペルセウスがかつてここで神託をうかがったと伝えられていたからだといいます。さらに、世界を広く遍歴した末にインドを征服したとされるディオニュソス神や、アッシリアの伝説的な女王セミラミス、ペルシア帝国の建設者キュロス二世に対しても、激しい対抗心を燃やしました。アレクサンドロスが帰路の行軍で苛酷なゲドロシア砂漠をあえて踏破したのは、かつてここを通過したというセミラミスやキュロスに対する競争意識からだったとも伝えられています。

そうした数々の「ライバル」のなかで、最大の強敵はやはり、少年時代のロールモデルであり、その後ライバルに転じた父フィリポスだったのでしょう。アレクサンドロスがまずもって乗り越えんとしたのは、伝説上の英雄たちではなく、最も身近な、生身の人間だったのです。

フィリポスは、ギリシア北辺の一小王国にすぎなかったマケドニアを強大な軍事国家に育てあげた立役者です。この父の築いた基盤なくして、アレクサンドロスの東方遠征がありえなかったことは言うまでもありません。のみならず、フィリポスはその死後も「亡霊」としてマケドニア人の心に鮮烈に生き続け、常にアレクサンドロスの対抗心を煽《あお》りました。そんな父を凌《しの》ぎ、父の巨大な影から逃れようとするアレクサンドロスのトラウマ的な衝動こそが、彼を果てしない遠征行に駆り立てる原動力になったのでしょう。父フィリポスの存在なくして、アレクサンドロスの前人未到の大征服は、決してありえなかったのです。

アレクサンドロスは神になろうとしたのか

ヘレニズム時代の君主崇拝やローマ皇帝礼拝の起源として関心を集めているアレクサンドロスの神格化も、そうした父子の「相剋」という文脈に置くことができるかもしれません。

ギリシアでは、偉大な功績をあげた人物が死後に英雄（半神）として崇拝を受ける慣習が古くから見られましたが、前四世紀に入ると、スパルタの将軍リュサンドロスをはじめ、めざましい戦功を立てた将軍や有力な支配者が生前に神として崇拝されたことを示唆する事例が現れ始めます。こうした生前神化の流れをさらに加速させたのがアレクサンドロスである、と言われます。シウァ・オアシスのアモン神殿で「神の子」という神託を得て自らの神性を確信した彼が自己の生前神化を進め、その後の君主崇拝の原型をつくった、というのです。

フィリポスも、そうした生前神化に向けて歩み始めていたようです。彼は晩年、エレソスとエフェソスにおいて、神域での像や祭壇の建立といった宗教性を帯びた大きな栄誉を受けており、それに触発されたのか、オリュンピアの神域にフィリペイオンと呼ばれる円形堂を造営して、自身を含むマケドニア王家の五人の像を安置しました。この像は、黄金象牙の神像と見まがうばかりに彩色されていました。さらに、暗殺の日の祝典行列において、オリュンポスの一二神の像とともに、自身の像を一三番目に牽《ひ》かせたといいます。これらは直接的な自己神化を示すものではないにせよ、自身が神々と肩を並べる存在であることをアピールしようとしたフィリポスの野心を、明確に表しています。

アレクサンドロスは、神になるという野心を抱きつつもそれを果たせずに世を去った父を越えるため、自身の神格化を推し進めたのかもしれません。

とはいえ、アレクサンドロスが生前に自らの神格化を図ったというのは、実は、必ずしも確かではありません。彼が遠征中に導入を試みた跪拝礼を自己神化への動きと見る歴史家もいますが、跪拝礼には、王を神として崇《あが》めるという意味合いは一切ありません。アレクサンドロスが前三二四年秋に急死した親友ヘファイスティオンを半神として祀ったことも、自己の神格化へのステップと見なされがちですが、これはあくまでも、ギリシア世界に古くから存在した死後の英雄崇拝です。確かに、アレクサンドロスの晩年には、アテネやスパルタで彼の神格化の可否が論議を呼んだことが知られています。しかしこれは、亡命者復帰王令をめぐる交渉を有利に運ぶための打開策としてギリシア人たちが自発的に行ったことであり、アレクサンドロス自身が神格化を要求したことを示す証拠はありません。彼の野心は、「神の子」を自任し、それによって父フィリポスとの訣別を図ることを越えるものではなかったのかもしれません。

アレクサンドロスの死後、彼の遺骸《いがい》をエジプトに埋葬したプトレマイオスは、アレクサンドロスを自らの王国プトレマイオス朝の国家神に祀りあげました。エフェソスやプリエネなど、小アジア西岸の多くの都市では、アレクサンドロスを祀る祭祀が継続的に営まれ、なかにはローマ帝政期まで存続した事例もありました。

アレクサンドロスは、こうして死後、確かに「神」となり、ついに父を凌駕するに至ったのです。

アレクサンドロスのしたこととは何だったのか

結局のところ、アレクサンドロスのしたこととは何だったのでしょうか。彼の大遠征は、歴史に何を遺《のこ》したのでしょうか。

アレクサンドロスの空前の「世界征服」は、結果として、ギリシア文化を東方に広げ、ギリシア人の世界を西アジアや中央アジアにまで一挙に拡大する契機となりました。彼自身の未完の帝国はその早すぎる死ゆえにほどなく瓦解《がかい》しましたが、彼の東方遠征によって、次のヘレニズム時代における文化の発展の「場」が確実に開かれました。これはまさしく、アレクサンドロスの歴史的意義と言えるでしょう。

ただし、アレクサンドロスは文化を広めるために遠征したわけではありません。文化の拡大は、遠征の目的ではなく、あくまでも、遠征の意図せざる結果にすぎなかったのです。

アレクサンドロスが東方遠征の途上で建設した数多くのアレクサンドリアは、しばしば、ギリシア文化を広めるという彼の文化政策の象徴と見なされています。確かに、アレイアのアレクサンドリア（現ヘラート）、アラコシアのアレクサンドリア（現カンダハル）、最果てのアレクサンドリア（現ホジェンド）など、彼が建設したアレクサンドリアのうちいくつかは、そののち東西間の交通の要衝《ようしょう》となり、文化の中継点として大きく発展しました。

しかしアレクサンドロスは、ギリシア文化の普及のためではなく、遠征中の軍事拠点としてアレクサンドリアを築いたにすぎません。彼は、周辺領域の支配や兵站補給、後方との連絡のための駐留基地として、あくまでも軍事目的から都市を築いたのです。それらの都市には、ギリシア人傭兵、マケドニア人退役兵、地元住民らが強制的に入植させられました。事実上、不穏分子を僻遠《へきえん》の地に隔離するという狙いもあったことが指摘されています。都市の実態は、ギリシア文化の拠点とは程遠いものだったのです。実際、入植者たちはその後反乱を起こし、都市を放棄したことが知られ、アレクサンドロスの死後、都市の多くはいったん消滅してしまいます。これらの都市が再建されて繁栄したのは、セレウコス朝の時代に入ってからのことです。アレクサンドロスが築いた都市への入植者たちがギリシア文化の担い手となり、ギリシア文化を普及させたという見方は、その目的においてもプロセスにおいても、事実とはかけ離れているのです。

結局、ギリシア文化の普及も、ギリシア人の世界の拡大も、かなりのちになって成し遂げられたものであり、アレクサンドロス自身は、その生涯において何も広めてはいませんし、広めようともしていないのです。彼は、そうした拡大のための「場」をつくり出したにすぎません。アレクサンドロスの東方遠征がなければヘレニズム世界が生まれなかったのは確かですが、彼はヘレニズム世界の「創造者」ではなく、ヘレニズム世界が生まれる契機をつくった、いわば「起爆剤」にすぎなかったと見るべきでしょう。

つまるところ、アレクサンドロスが直接行ったのは武力征服の連続にすぎず、征服された側から見れば、彼はまぎれもなく「侵略者」でした。その侵略戦争の過程で、彼は途方もない殺戮と破壊を繰り広げました。イッソスやガウガメラの会戦では万単位の犠牲者を出し、テュロスやガザの攻囲戦は酸鼻を極める大虐殺《だいぎゃくさつ》に終わりました。バクトリア・ソグディアナ地方やインダス川流域では、民族絶滅戦争のようなすさまじい殲滅戦が相次ぎました。多くの町が徹底的に破壊され、住民の無差別殺戮が続き、人口の多い肥沃な地域が荒廃していきました。戦闘以外でも、酷寒のヒンドゥークシュ山脈、バクトリアやゲドロシアの炎熱の砂漠で、おびただしい数の将兵が命を落としています。こうしたとてつもない惨禍《さんか》は、東方遠征にいかなるうるわしい意味付けをしても消すことのできない、彼の「真実」です。

後述するように、近年の研究においては、アレクサンドロスの東方遠征の文化史的意義を重視する傾向は後退し、彼に対する否定的な評価が強まっています。そうしたなかで、右のようなアレクサンドロスの「侵略者」「破壊者」としての面が強調され、とりわけその征服戦争における彼の残虐性がとみに批判されています。

ただし、アレクサンドロスの生きた時代において、彼がことさら残虐だったわけではありません。アレクサンドロスが東方遠征の過程で行った住民の殺戮や奴隷化は、ペロポネソス戦争のさなかにアテネがスキオネやメロスなどの都市に対して行った措置と何ら変わりませんし、フィリポスも、オリュントスを徹底的に破壊して住民全員を奴隷化し、第三次神聖戦争においては敵の捕虜全員を殺害しています。

また、苦戦続きだったバクトリア・ソグディアナ地方やインダス川流域での住民の大量虐殺や略奪は、指揮官であるアレクサンドロス個人の残虐性に必ずしも帰せられるべきものではありません。先の見えない苛酷な戦いの連続によって将兵たちの憤懣が鬱積し、戦意が低迷するなかで、アレクサンドロスは、遠征を継続する見返りとして彼らの残虐行為を容認せざるをえなかったのです。こうした「残虐性」は、彼個人の残虐性と言うより、将兵たち皆の、言うなれば、戦争という極限状態に置かれた人間誰しもが持ちうる、残虐性です。

ともあれ、戦争が日常的だった古代におけるアレクサンドロスの行為を、平和思想を基調とする現代の価値規範から一方的に断罪するのは慎むべきでしょう。当時の世界においてアレクサンドロスのしたこととは何だったのか、彼の行動はどう受けとめられていたのかを、あくまでも当時の文脈で考えていかなければならないのです。

第6章　シンボルとしてのアレクサンドロス

神話化の始まり

わずか一〇年で前人未到の大征服を成し遂げ、雄図《ゆうと》半ばで忽然《こつぜん》と世を去ったアレクサンドロスの生涯は、無数の神話や伝説に彩られています。当時の知られうる限りの世界を征服した彼の早すぎる死は、人々の想像力を限りなく刺激しました。アレクサンドロスの短くも華々しい生涯に魅せられた後世の人々は、アレクサンドロスにまつわる多様な伝説を紡ぎ、人々の追憶《ついおく》と想像のなかで、彼のイメージはとめどもなく増幅していきました。

そうした神話化・伝説化は、すでにアレクサンドロスの生前から始まっていました。英雄としてのイメージを確立するために種々の伝達メディアをコントロールすることの重要性を熟知していた彼が、自らの神話化を促進したのです。

アレクサンドロスは、自分をどのように見せるかを常に意識していました。彼は自身の肖像の制作を、リュシッポス（彫像）、アペレス（絵画）、ピュルゴテレス（彫玉）という三人の公認芸術家だけに独占的に任せ、自身の英雄的な図像を世に広めさせました。アレクサン

図27　アザラのアレクサンドロス像。リュシッポスの原作に基づくローマ時代の模刻。パリ、ルーヴル美術館蔵

ドロスが大量に発行した貨幣も、彼の英雄的なイメージを広める重要なメディアとなりました。それまでのマケドニア王は自身の肖像を貨幣に刻むことはありませんでしたが、アレクサンドロスは、ヘラクレスに擬した自身の肖像や、ゼウスのように右手に雷《いかずち》を持つ自身の姿を刻した貨幣を発行しています。

また、東方遠征に歴史家カリステネスを随行させ、アレクサンドロスを英雄の再来として称揚する公式記録を執筆させました。トロイ上陸の際には槍《やり》を大地に突き立て、ゴルディオンでは伝説の結び目を解《ほど》いてアジアの王者となる運命を手に入れる――自らを公然と英雄になぞらえるこうした数々のパフォーマンスは、カリステネスの手でさらに潤色《じゅんしょく》されて書き記され、リアルタイムでアレクサンドロス伝説を形成していきました。そうしたパフォーマンスは、将兵たちに安心感を与え、彼らの士気を奮い立たせるための重要な手段でもありました。こうしたイメージ戦略によるアレクサンドロスの人心掌握の巧みさは、将兵たちが長年にわたって彼の采配に付き従った理由の一つでもあります。

このようなイメージ戦略に長《た》けたマケドニア王は、アレクサンドロスが最初ではありません。前五世紀前半のアレクサンドロス一世は、ヘラクレスを王家の祖とする系図をつくりあげ、「ギリシア人」としての自身のイメージを盛んに喧伝《けんでん》しましたし、孫のアルケラオスも、同様に「ギリシア人らしさ」をギリシア世界に向けて積極的にアピールしました。フィリポス二世も、第三次神聖戦争への介入に際して「アポロン神の擁護者」というイメージを最大限に活用しています。アレクサンドロスは、そうした長年のマケドニア王家の伝統を、さらに一歩進めたのです。

「アレクサンドロス帝国」の瓦解

アレクサンドロスが「実体」だった時代からすでに神話や伝説に包まれていた彼のイメージは、その早すぎる唐突な死によって無限にふくらみ、ますます「実体」から遊離《ゆうり》していくことになります。そうしたイメージの増幅は、後継者戦争の時期に加速します。

後継者戦争は、形成の途上にあった未完成の「アレクサンドロス帝国」の実権をめぐって、「後継者《ディアドコイ》」を称する武将たちが苛烈《かれつ》な跡目争いを繰り広げた激動の時代です。ペルディッカス、アンティパトロス、カッサンドロス、ポリュペルコン、アンティゴノス、デメトリオス、

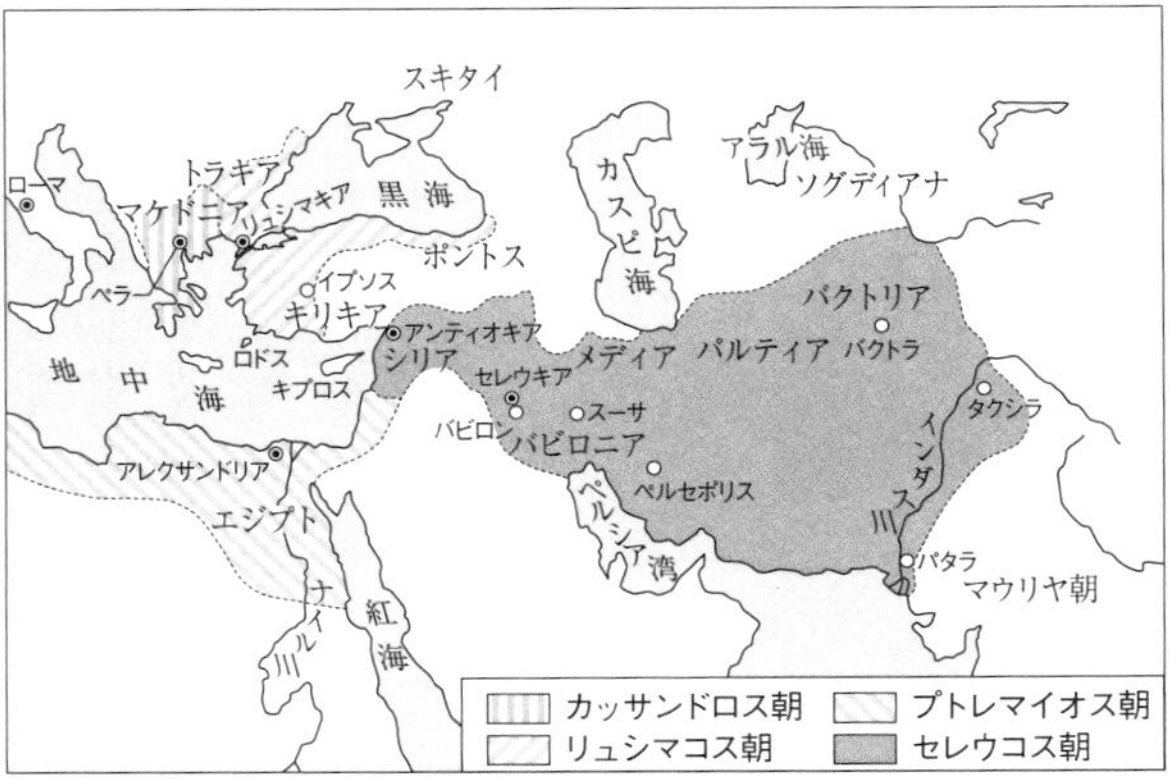

図 28　前 300 年頃のヘレニズム世界

プトレマイオス、リュシマコス、セレウコス、エウメネスらの錯綜《さくそう》した抗争は、およそ半世紀にわたって、アレクサンドロスの広大な遺領を舞台に展開されました。

アレクサンドロスは死の床で、「最も強い者に帝国を託す」と側近たちに言い残したと伝えられています。これは、彼の死後まもなくつくられたまことしやかな「遺言伝説」だった可能性が高いですが、武将たちは、まさにこの言葉通り、「最も強い者」たることをめざして熾烈《しれつ》な武力抗争を繰り広げていくことになるのです。

王位継承をめぐる激しい論争の末、アレクサンドロスの異母兄弟で知的障害があったアリダイオス（フィリポス三世）と、アレクサンドロスの死後にロクサネが生んだアレクサンドロス四世の二人が共同統治を行うという形で妥協が成立し、ペルディッカスがこの二人の王の摂政《せっしょう》として第一の地位を占めることになりました。これ以降、「最も強い者」となった武将に対して他の武将たちが共同戦線を張るという構図が繰り返されます。そうしためまぐるしい争覇戦の渦中で二人の王は殺害され、王家アルゲアダイは滅亡しました。

こうしてアレクサンドロスの血統が断絶すると、前三〇六年頃から、武将たちは次々と王を名乗るようになり、後継者戦争はいっそう激しさを増していきます。後継者戦争最大の会戦と言われる前三〇一年のイプソスの戦いを経て、「アレクサンドロス帝国」の分裂はいよいよ決定的となり、プトレマイオス（エジプト）、セレウコス（シリアとそれ以東）、リュシマコス（トラキアと小アジア）、カッサンドロス（マケドニア）の四王国が確立します。最終的に、前二七七年頃のアンティゴノス朝マケドニアの成立により、プトレマイオス朝エジプト、セレウコス朝シリアと合わせて、三王国が並び立つヘレニズム世界の枠組みが整い、後継者戦争の時代はようやく幕を下ろしました。

こうした激しい抗争のなかで、武将たちはアレクサンドロスの名声と威信を頼りに生き残りを図り、彼との絆《きずな》を最大限に活用して自己の権力の正統性を打ち立てようとしました。プトレマイオスは自らをアレクサンドロスの異母兄弟と喧伝し、セレウコスはアレクサンドロ

図29　アレクサンドロスの肖像を刻したプトレマイオスの銀貨。象の頭皮をかぶり、アモン神のシンボルである羊の角をつけたアレクサンドロスの横顔を描いている。前322年頃。アテネ、貨幣学博物館蔵

スの生誕神話とよく似た自らの物語を広めています。さらに、ペルディッカスとプトレマイオスが自身の手でアレクサンドロスを埋葬しようと企て、彼の遺骸《いがい》をめぐる熾烈な争奪戦を繰り広げたのは、その最も典型的な例です。アレクサンドロスを誰がどこに埋葬するかは、武将たちの権力の正統化において極めて重要な切り札だったのです。この争奪戦を制したプトレマイオスは、先に触れたように、アレクサンドロスをエジプトに埋葬し、のちに彼をプトレマイオス朝の国家神に祀《まつ》りあげ、王朝の権威づけに利用することになります。

貨幣の発行も、権力の正統性をアピールする強力なプロパガンダとなりました。カッサンドロスやアンティゴノス、デメトリオスは、アレクサンドロスの名前を刻印した貨幣を鋳造し続け、プトレマイオスやセレウコス、リュシマコスは、さらに一歩進んで、アレクサンドロスの肖像を自らの貨幣に刻して政治的に利用しています。また、アレクサンドロスは東方遠征の途上でしばしば大がかりなライオン狩りを行いましたが、後継者戦争の時期には、そ

図30　『ライオン狩り』のモザイク。二人の若者は、アレクサンドロスとクラテロスに見立てられている。前4世紀末。ギリシア、ペラ考古学博物館蔵

うしたライオン狩りの図像が爆発的に流行し、アレクサンドロスとともに行った狩りの場面を描いた彫刻や絵画が盛んに制作されました。

このように、後継者戦争の主役は、まぎれもなくアレクサンドロスだったのです。

「大王」という、アレクサンドロスの広く知られた添え名が現存する史料に初めて現れるのは、ローマの喜劇詩人プラウトゥスの作品『幽霊屋敷』（前三世紀末〜前二世紀初頭）の一節です。この添え名がいつから用いられるようになったかは不明ですが、彼は、後継者戦争という激動の時代に、真に「大王」となるに至ったのでしょう。

アレクサンドロスは、自らの帝国の統治者としては、まさに最悪のタイミングで世を去りました。統治システムの構築はまだ緒についたばかりであり、後継者たりうる世継ぎを残さなかったことで、半世紀にも及ぶ後継者

戦争の混乱を招きました。しかし、そうした争覇戦の渦中で武将たちがアレクサンドロスとのつながりを盛んに喧伝して戦ったがゆえに、彼の神話化に著しく拍車がかかることになったのです。ヘーゲルは、『歴史哲学講義』（一八三八年）のなかで「アレクサンドロスはちょうどいいときに死ぬという幸運に恵まれた」と述べましたが、死後の不滅の名声を得るという意味では、アレクサンドロスは、まさしく最高のタイミングで世を去ったと言えるでしょう。彼は未完の帝国を遺《のこ》して夭折《ようせつ》しましたが、まさにそれゆえにこそ、無限の可能性を帯びて生きながらえることになるのです。

ローマのアレクサンドロス

前二世紀初頭から東地中海に本格的に進出したローマは、アレクサンドロスの遺領に展開したヘレニズム諸王国を最終的に制圧しました。このローマが、アレクサンドロスのイメージのさらなる拡大をもたらすことになります。

第1章で見たように、ローマの権力者はアレクサンドロスを範として仰ぎ、熱狂的に彼を模《も》倣《ほう》しました。こうした「アレクサンドロス模倣」は、すでにヘレニズム時代から見られた現象です。後継武将たちがアレクサンドロスとの絆を盛んに喧伝し、彼の名前や肖像を貨幣に刻したのは、最も早い、最も直接的な「アレクサンドロス模倣」でした。その後も、「第二のアレクサンドロス」と称してイタリアに遠征したエペイロスの王ピュロス、アレクサンドロスに比肩《ひけん》する名将と言われたカルタゴのハンニバル、そのハンニバルを匿《かくま》ってローマと開戦し、「大王」と呼ばれたセレウコス朝のアンティオコス三世、三次にわたる対ローマ戦争を繰り広げたポントス王ミトリダテス六世といった名将たちが、こぞってアレクサンドロスに心酔し、自らを彼に重ね合わせました。そして、これらの「アレクサンドロス」たちを全て屈服させて地中海制覇を成し遂げたローマでは、権力者がさらに熱烈な「アレクサンドロス模倣」を進めたのです。

自らの支配の正統性を示すために現実のアレクサンドロスとの直接・間接のつながりを活用した後継武将やヘレニズム諸王と異なり、彼と何の接点もないローマの権力者の「アレクサンドロス模倣」は、アレクサンドロスがローマにおいて新しい政治的・社会的シンボルとして再生されたことを意味します。

そしてまた、アレクサンドロスは、東方の敵に対する勝利の象徴でもありました。当時のローマが東方で対峙《たいじ》していたのは、パルティア、次いでササン朝ペルシアであり、ローマの将軍や皇帝たちは、アカイメネス朝を滅ぼした偉大な征服者であるアレクサンドロスに自らを同化して、こうした東方勢力に立ち向かっていったのです。

他方、ローマの修辞学者や哲学者は、現実の権力者の姿をアレクサンドロスに重ね合わせ、アレクサンドロスを権力者の様々な美徳・悪徳の範例《エクセンプラ》として描きました。現存する作品においては、温情、寛容、礼節といった美徳の範例として現れる一方で、独裁政治に対する警戒心から、専制、残忍、貪欲《どんよく》、怠惰《たいだ》といった種々の悪徳の範例として引かれる例が多く、アレクサンドロスの名前が「暴君」「独裁者」の代名詞として浸透していったことがうかがえます。また、当時のローマでは、「もしアレクサンドロスがイタリアに攻めてきたとしたら」という言い回しが、ローマ人の愛国心を鼓舞《こぶ》する一種の常套句《じょうとうく》として定着していました。こうしてアレクサンドロスはローマを脅かす仮想敵の代名詞ともなり、「歴史的」なアレクサンドロスからますます遊離していったのです。

しかし後一世紀末、「第二次ソフィスト運動」と呼ばれるギリシア文化高揚の風潮のなかで、それまでの野蛮で残忍な専制君主という像に代わって、善き王のモデルとしてのアレクサンドロス像が浮上します。この時期、トラヤヌス帝がネロ以来下火になっていた「アレクサンドロス模倣」を復活させたことも追い風となり、プルタルコス、アリアノス、ディオン・クリュソストモスといったギリシア人の文人の手によって、アレクサンドロスは「英雄」として復権を果たしました。

このように、アレクサンドロスは、ローマのその時々の時代背景のなかで常に賛美と誹謗《ひぼう》の的となり、彼のイメージはとめどもなく増幅していったのです。

アレクサンドロスは、巨大な矛盾をはらんだつかみどころのない人物である、としばしば言われます。輝かしい「英雄」と血に飢えた「暴君」が渾然《こんぜん》とまじり合い、合理的な理解の及ばぬ、まさに複雑きわまりない人物です。しかし、そうした巨大な矛盾をはらみ、とてつもない二面性を持つのは、現実のアレクサンドロスではなく、ローマの知識人たちによって造型された、万華鏡のような多彩さを見せる「ローマのアレクサンドロス」だと見るべきでしょう。

ローマは、広大な領土を征服して帝国を打ち立て、それを長期にわたって維持するという、アレクサンドロスには果たせなかった偉業を成し遂げ、のちに継起する様々な帝国のモデルになりました。それにともなって、ローマに定着したアレクサンドロスのイメージも、「ローマ帝国」のイメージとともに、後世に確実に継承されていくことになるのです。

プルタルコスのアレクサンドロス像

ここで、後世におけるアレクサンドロスのイメージ形成に絶大な影響力を及ぼすことになった、プルタルコスのアレクサンドロス像について詳しく見てみましょう。

プルタルコスには、アレクサンドロスを主題とする作品として、『アレクサンドロス伝』のほかに、『アレクサンドロスの運または徳について』と題する論説があります。この作品は、アレクサンドロスの功業を彼の幸運によるものにすぎないとする従来の論調に対し、その功業を彼自身の卓抜《たくばつ》な器量のなせる業《わざ》として熱烈に称揚する、極めてレトリカルな論説です。この論説のなかでプルタルコスは、アレクサンドロスを「完璧な哲人王」「文明化の使徒」「全世界の諸民族の統一者」として描き出しています。とりわけ、「アレクサンドロスがアジアを教化するにつれ、ホメロスが広く読まれ、ペルシア人やスシア人やゲドロシア人の子供たちはソフォクレスとエウリピデスの悲劇を歌うことを学んだ」、「アレクサンドロスは異民族の地に七〇以上の都市を建設し、アジア全土にギリシア的な国制を植えつけ、未開かつ野蛮な暮らしぶりを克服した」と述べ、彼が東方の野蛮な異民族にすぐれたギリシア文化を広める「文明化の使徒」だったと力説しています。アレクサンドロスは、ローマが支配下の属州に恩恵として「文明」を与えるという、当時のローマの属州支配を正当化するためのシンボルとして描かれたのです。こうしたアレクサンドロス像は、後述するように、一九世紀から二〇世紀半ばにかけての歴史研究に決定的な影響を及ぼすことになります。

さらに、プルタルコスの描くアレクサンドロス像は、彼自身のアイデンティティとも深く関わっていたようです。『アレクサンドロスの運または徳について』における「完璧な哲人王」「文明化の使徒」「全世界の諸民族の統一者」という描写は『アレクサンドロス伝』には現れませんが、彼は両作品において共通して、「パイデイア（ギリシア的教養）を体現する英雄」というアレクサンドロス像を描き出しています。プルタルコスはなぜ、そうしたアレクサンドロス像を描いたのでしょうか。

プルタルコスの生きた時代は、ローマにおいて古典期のギリシア文化を盛んに模倣する擬《ぎ》古《こ》主義・尚古《しょうこ》主義が興隆した時代です。後一世紀後半から三世紀半ばまで続いたこの第二次ソフィスト運動のなかで、プルタルコスをはじめとするギリシア人エリートは、ギリシアの「過去」と向き合い、ギリシア人としての自らのアイデンティティを再定義する必要に迫られることになりました。ローマの支配下にあるギリシア人がローマに対するギリシアの優越を示すことができるのは文化的な領域のみであり、それゆえ彼らは、自らのアイデンティティの拠《よ》り所としてパイデイアを前面に押し出したのです。ギリシアの文化的優位という、いわば過去の栄光の上に生きるギリシア人にとって、その輝かしい過去の栄光を誇示する最も明確かつ有効なシンボルが、当時のローマにおいて大きな関心の的となっていたアレクサンドロスでした。プルタルコスの描く「パイデイアを体現する英雄」というアレクサンドロス像は、ローマによるギリシア支配という現実のなかで生きるプルタルコス自身のアイデンティティのマニフェストであり、彼の自己認識のあり方を映し出す「鏡」でもあるのです。

ちなみに、プルタルコスの筆が後世における評価に影響したのは、アレクサンドロスだけではありません。『アレクサンドロス伝』におけるフィリポス二世の描き方も、後世の彼の評価に大きな影響を与えることになりました。プルタルコスは、ペルシアの使節団の来訪や荒馬ブケファラスなどのエピソードにおいて、終始、アレクサンドロスの器量が父を上回ることを強調し、フィリポスを息子の「引き立て役」として描いています。これは、父を「引き立て役」にして少年の頃からのアレクサンドロスの卓抜な器量を際立たせるという、彼の叙述のテクニックだったようです。

プルタルコスの時代に至るまでは、ポリュビオスやディオドロス、キケロなどの作品に見られるように、フィリポスはアレクサンドロスよりも高く評価されていました。プルタルコスは、『アレクサンドロス伝』でフィリポスをネガティヴに描き、父を凌駕《りょうが》する英雄としてアレクサンドロスを称《たた》えたことによって、こうしたヘレニズム時代からローマ帝政初期までのフィリポス・アレクサンドロス父子の序列を、いわば逆転させたのです。これ以後、フィリポスは息子の巨大な影に隠れ、注目を浴びることもなくなってしまいます。一九世紀以降の歴史研究のなかで圧倒的な比重がアレクサンドロス個人に置かれ、フィリポス研究が停滞するに至った一因は、プルタルコスにあるとも言えるでしょう。

「アレクサンドロス・ロマンス」

しかし、こうしたプルタルコスをはじめとするローマ時代の作品は、その後の時代にはほとんど受け継がれず、ルネサンス期における「再発見」まで忘れ去られることになります。代わって爆発的に広まったのが、空想的な伝奇物語群の「アレクサンドロス・ロマンス」です。「アレクサンドロス・ロマンス」は、ローマ帝国を越えて世界各地へとアレクサンドロスのイメージが拡大していくにあたって、決定的な役割を果たしました。

「アレクサンドロス・ロマンス」の大筋は、前三世紀頃にはすでにできあがっていたようで、死後数百年が経過する間に生まれたアレクサンドロスにまつわる様々な伝説を取り入れて物語はさらにふくらみ、最終的に後三世紀にエジプトのアレクサンドリアでまとまった形に編《へん》纂《さん》されました。ある写本で誤ってカリステネスが作者とされていたことから、「伝カリステネス」の名で呼ばれています。

この大衆向けの空想物語において、アレクサンドロスはフィリポスの息子ではなく、エジプト最後のファラオであるネクタネボスがオリュンピアスに生ませた息子とされています。物語を生み出したプトレマイオス朝の都アレクサンドリアは、こうしてアレクサンドロスをエジプトの歴史に取り込み、彼の後継王朝であるプトレマイオス朝とエジプト最後の王朝との連続性を創造したのです。

物語のなかで、アレクサンドロスは天空を飛翔《ひしょう》したり、黄泉《よみ》の国に入って潜水艦で深海に潜ったり、生命の泉を訪ねたり、はたまた巨人の国や無頭人の国を探訪したりと、奇想天外な冒険を繰り広げ、シチリアやイタリア、アフリカにまで遠征を果たします。晩年のアレクサンドロスはカルタゴやイベリア半島へ攻め込むという西方遠征計画を構想していたと伝えられていますが、この「幻の計画」は、こうした夢物語のなかで見事に成就することになるのです。

物語は、日本の義経《よしつね》伝説のように、人々の追憶のなかでとめどもなく枝葉を広げ、その流行にともなって、アレクサンドロスの名前とイメージは、アジア、アフリカ、ヨーロッパの三大陸にまたがる広い地域に深く浸透していきました。「アレクサンドロス・ロマンス」は、北はアイスランドから南はエチオピア、西はイベリア半島から東は東南アジアにまで流布《るふ》し、一七世紀までに二四カ国語に翻訳されて八〇種以上の異本（一説には、三五カ国語、約二〇〇種、とも）が生まれたという、まさに世界文学です。写本から写本へと転写が繰り返され、各国語への翻訳が重ねられるなかで、物語は自由に潤色や改竄《かいざん》、翻案がなされ、諸地域のローカルな伝承を取り入れて、各地で地域色豊かな独自の発展を遂げました。

一〇〇〇年以上にわたって絶大な人気を博した「アレクサンドロス・ロマンス」は、まさしく世界的な大ロングセラーです。近世に至るまで、人々はもっぱら「アレクサンドロス・ロマンス」を通じてアレクサンドロスを知り、空想的な伝奇物語の主人公としてアレクサンドロスを思い描いていました。「アレクサンドロス・ロマンス」は、とりわけ次に見るイスラーム世界と中世ヨーロッパにおいて、爆発的な人気を誇りました。

イスラーム世界のアレクサンドロス

イスラーム以前のペルシアでは、ゾロアスター教徒たちの間で「邪悪な侵略者」としてのアレクサンドロスの記憶が受け継がれていました。三世紀、ササン朝ペルシアの創始者アルダシール一世（在位二二四～二四一）は、ペルシア帝国再興のプロパガンダとして、そうした「邪悪」なアレクサンドロスの記憶を利用します。アカイメネス朝の後継王朝を自任するササン朝は、そのアカイメネス朝を滅ぼしたアレクサンドロスを「悪魔」に仕立てあげることによって、アカイメネス朝との連続性を主張したのです。かつて後継武将たちが自己の権力の正統性を打ち立てる手段としてアレクサンドロスとのつながりを盛んに喧伝したのと同じように、ササン朝の正統性を裏付ける道具として、今度は「悪魔」という彼のイメージが利用されたのです。また、ササン朝はローマ人をアレクサンドロスの子孫と見なしていたため、彼の悪魔化は、ローマとの抗争においても有効なプロパガンダとなりました。この時期、アレクサンドロスは、ゾロアスター教の悪神アンラ・マンユが善を滅ぼすために送り込んだ「三大悪王」の一人となり、ペルシアとゾロアスター教に対して三つの大罪（聖職者の惨殺《ざんさつ》、聖典の焼尽《しょうじん》、王権の分割）を犯した、邪悪で憎むべき侵略者とされました。

こうした悪魔化の一方で、六世紀以前に「アレクサンドロス・ロマンス」がギリシア語からパフラヴィー語（中世ペルシア語）に訳され、空想物語の英雄としてのアレクサンドロスも徐々に広まっていきました。六世紀初めにはパフラヴィー語訳からシリア語訳がつくられ、のちにアラビア語、ペルシア語、エチオピア語にも訳されて、中東世界の各地に広く浸透していくことになります。

七世紀にササン朝が新興のイスラーム勢力に滅ぼされると、アレクサンドロスを「悪魔」とするササン朝のプロパガンダが後退し、代わって、「アレクサンドロス・ロマンス」の英雄としてのアレクサンドロス像が浮上します。かつての否定的なイメージが薄れ、アレクサンドロスは「悪魔」から一転して「英雄」「聖人」へと変貌を遂げました。広大な領土を席巻して帝国を打ち立てたイスラーム教徒たちは、彼らの聖戦《ジハード》をアレクサンドロスの遠征に重ね合わせ、アレクサンドロスを「世界征服者」の原型として理想視したのです。

図31　ゴグとマゴグを封じ込める長城の建設。14世紀のイスラームの写本挿絵。ワシントンDC、アーサー・M・サックラー・ギャラリー蔵

イスラーム世界では、アレクサンドロスは『コーラン』の「洞窟」の章に登場する英雄「二本角の人《ズ・ル・カルナイン》」と同一視され、「二本角のアレクサンドロス」と呼ばれて神聖視されました。『コーラン』では、「二本角の人」は、ゴグ（ヤージュージュ）とマゴグ（マージュージュ）の襲撃を巨大な鉄の壁を築い

て防いだ守護者として描かれています。このゴグとマゴグは、神に逆らう蛮人として『旧約聖書』や『新約聖書』に登場しており、この伝承が「アレクサンドロス・ロマンス」と融合し、イスラーム世界にも浸透したのです。イスラーム世界では、アレクサンドロスがゴグとマゴグを封じ込めるために長城を築いたという逸話《いつわ》が広く流布し、九世紀半ばには、アッバース朝第九代カリフのアル・ワーシクが、アレクサンドロスの長城を検分するために大規模な調査団を派遣したといいます。『東方見聞録』のなかで「アレクサンドロス・ロマンス」に何度か言及しているマルコ・ポーロも、この長城についての記述を残しています。

こうした英雄・聖人としてのアレクサンドロスのイメージは、すでにユダヤ教やキリスト教の説話のなかに見られましたが、イスラーム教徒たちは、アラビア半島に浸透していたユダヤ教・キリスト教の伝承からアレクサンドロスの聖なるイメージを取り込み、彼をイスラーム教の布教者・擁護者に仕立てあげていったのです。キリスト教やイスラーム教という世界宗教のなかにこうして聖人として取り込まれたことも、アレクサンドロスのイメージが永遠の命を得た要因と言えるでしょう。

九世紀のディーナワリーの歴史書『長史』や一一世紀初頭のフィルダウスィーの叙事詩『王書（シャー・ナーメ）』には、アレクサンドロスの出生譚《しゅつしょうたん》が現れます。アレクサンドロスの母はペルシア王との間にアレクサンドロスを生んだとされ、アレクサンドロスはダレイオス三世の異母兄弟としてペルシアの列王伝に取り込まれています。エジプトのアレクサンドリアで生まれた物語においてアレクサンドロスがエジプト最後のファラオの息子にされてエジプトの歴史に取り込まれたのと同様に、今度はペルシアの正統な王としてペルシアの歴史に取り込まれたのです。

イスラーム世界にはプルタルコスやアリアノスなどのローマ時代の作品はほとんど伝わらず、詩人たちはもっぱら「アレクサンドロス・ロマンス」を素材として、数々の『アレクサンドロスの書（イスカンダル・ナーメ）』を著しました。なかでも一二世紀のニザーミーの『アレクサンドロスの書』では、アレクサンドロスはチベットを越えて中国やロシアにも遠征を果たし、征服者から哲学者に成長して、さらには預言者の域にまで達しています。

図 32　アレクサンドロスと七賢人。16 世紀のイスラームの写本挿絵。ケンブリッジ、フィッツウィリアム美術館蔵

こうしてアレクサンドロスは、イスラ

ーム教の敬虔《けいけん》な信徒、布教者、聖戦の闘士、ペルシアの君主、地の果ての探求者、哲人王、預言者といった様々な姿でイスラーム世界に定着しますが、イスラームの東漸《とうぜん》にともなって、彼の名前とイメージは中央アジアや東南アジアへも広く浸透していきました。中央アジアでは、「イスカンダル（アレクサンドロスのアラビア語名）」がつく地名や人名が多く見られ、アレクサンドロスの後裔《こうえい》を自称する王族や首長たちが今日に至るまで絶えません。一五世紀にマレー半島南部に栄えたマラッカ王国では、アレクサンドロスを王家の祖とする建国神話が語り継がれていました。インドではイスカンダルがヒンドゥー教の軍神スカンダに変貌を遂げた、という説もあります。

さらに、アレクサンドロスにまつわる伝承は中国にまで伝播《でんぱ》したようです。宋《そう》代の地理書『諸蕃誌《しょばんし》』（一二二五年）や明《みん》代の百科事典『三才図会《さんさいずえ》』（一六〇七年）には、「徂葛尼《そかつに》」「狙葛尼」についての記述が現れ、これはアラビア語の「ズ・ル・カルナイン」の音訳であり、『コーラン』に登場する「二本角の人」のことであると考えられています。

ヨーロッパのアレクサンドロス

中世ヨーロッパにおいても、「アレクサンドロス・ロマンス」は広く親しまれ、アーサー王伝説と並んで絶大な人気を博しました。ヨーロッパ全域に「アレクサンドロス・ロマンス」が広まる契機となったのは、四世紀前半のユリウス・ウァレリウスによるラテン語訳『マケドニア人アレクサンデルの偉業』と、一〇世紀のナポリの大司教レオによるラテン語訳『アレクサンデル大王の誕生と勝利』で、これらがヨーロッパ各国の俗語に訳され、爆発的に流行しました。

一四世紀のイギリスの詩人チョーサーは、『カンタベリー物語』のなかで「アレクサンドロスのことは誰もが知っている話であるから、賢明な人なら誰であれ彼の生涯を何かしら聞いたことがあるだろう」と述べていますが、この一節は、中世ヨーロッパにおけるアレクサンドロスの幅広い人気を物語っています。「アレクサンドロス・ロマンス」は聖書に次いでよく読まれたと言われ、アレクサンドロスは「九偉人」や「古代世界の四大王」の一人にも数え入れられています。

アレクサンドロスは多くの詩人たちの想像力をかき立て、パリのアレクサンドルによる『アレクサンドル物語』やドイツの司祭ランプレヒトの『アレクサンダーの歌』など、数々の叙事詩の題材となり、絶大な人気を誇りました。こうした叙事詩のなかで、アレクサンドロスは騎士の鑑《かがみ》として理想視され、敬虔なキリスト教徒、宣教師、錬金術師《れんきんじゅつし》、占星術師など、

図33　アレクサンドロスの飛翔。イタリア、オトラント大聖堂の床モザイク。12世紀

様々な姿で現れています。キリスト教文化の影響を受けて物語の脚色や翻案が進み、「地上の楽園」を探しに行くなどの新しい逸話も生まれ、十字軍の時代には、「聖戦の闘士」としてのアレクサンドロスのイメージがいっそう強まっていきました。天空飛翔や深海潜水など、「アレクサンドロス・ロマンス」における種々の逸話が写本挿絵の題材として親しまれ、とりわけ、グリフォンの背に置かれた籠《かご》に乗ってアレクサンドロスが空に舞いあがる天空飛翔の場面は、ステンドグラスやレリーフ、モザイクなどの教会建築の装飾モチーフとして、ヨーロッパ各地で流行しました。

「一二世紀ルネサンス」と呼ばれる古典文化復興期には、ローマ時代のクルティウスの作品が「再発見」され、「暴君」としてのアレクサンドロス像もヨーロッパに浸透していきました。中世ラテン叙事詩の最高傑作と言われるシャティヨンのゴーチェの『アレクサンデルの歌』は、クルティウスの作品を主要な典拠としており、アレクサンドロスを英雄的に描く一方で、彼の飽くなき名誉欲を厳しく非難しています。この作品は各国の俗語にも翻訳されてヨーロッパ中で広く読まれる大ベストセラーとなり、アレクサンドロスのイメージの幅をさらに広げることになりました。

一五世紀には、ディオドロスやプルタルコス、アリアノスの作品も「再発見」され、「アレクサンドロス・ロマンス」に代わって、これらのローマ時代の作品が広まるようになります。そうしたなかで、「歴史的」なアレクサンドロスを解明しようとする試みが始まり、空想的な「アレクサンドロス・ロマンス」は下火になっていきます。美術においても、「アレクサンドロス・ロマンス」を題材としたこれまでの写本挿絵や教会建築の装飾に代わって、ドイツのアルブレヒト・アルトドルファー（一一一頁《ページ》の図19）、イタリアのパオロ・ヴェロネーゼ（一一二頁の図20）やドメニコ・ザンピエーリといった多くの画家が、イッソスの戦いやガウガメラの戦いなど、アレクサンドロスの生涯における「歴史的」な出来事を題材とする数々の名画を残しました。

アレクサンドロスに憧れる人々

アレクサンドロスは、その後も多くの芸術家や詩人、思想家の心をとらえ続け、彼らのインスピレーションの尽きせぬ源泉となりました。

近世・近代のヨーロッパでは、マキアヴェリ、モンテーニュ、モンテスキュー、ヴォルテールなど、名だたる思想家がこぞってアレクサンドロスを称賛しました。モーツァルトが一九歳のときに作曲した歌劇『牧人の王』（一七七五年）は、アレクサンドロスがフェニキア地方のシドンを征服したときの物語です。フランス絶対王政最盛期の王ルイ一四世（在位一六四三～一七一五）はアレクサンドロスに心酔していたことで知られますが、彼の宮廷首席画家として活躍したシャルル・ル・ブランは、彼のためにアレクサンドロスの東方遠征を題材とした五点の連作絵画を制作しました（一二五頁の図22、一四九頁の図26）。フランスの劇作家ジャン・ラシーヌも、ルイ一四世に悲劇『アレクサンドル大王』（一六六五年）を献呈し、劇中で彼をアレクサンドロスになぞらえています。

かつてローマで流行した「アレクサンドロス模倣」も、その後、世界各地の権力者たちに受け継がれていきました。イスラーム世界では、中央アジアのホラズム・シャー朝のムハンマド二世（在位一二〇〇～一二二〇）やインド北部のハルジー朝のアラーウッディーン（在位一二九六～一三一六）が、「第二のアレクサンドロス」と称して対外遠征を繰り広げました。オスマン帝国のメフメト二世（在位一四四四～四六、一四五一～八一）やイランのカージャール朝のファトフ・アリー・シャー（在位一七九七〜一八三四）も、アレクサンドロスに深く傾倒していたといいます。

他方、オスマン帝国を敵視するヨーロッパでは、オスマン帝国はアカイメネス朝ペルシアと同一視され、ヨーロッパの君主や軍人たちは、そのアカイメネス朝を倒したアレクサンドロスにしばしば自らを重ね合わせました。オスマン帝国のメフメト二世の軍を撃退したアルバニアの民族的英雄スカンデルベグの名前は、アレクサンドロス（イスカンダル）に因《ちな》んで改名したものです。一六世紀末にオスマン帝国に反旗を翻《ひるがえ》したワラキア公国のミハイ勇敢公も、アレクサンドロスに心酔していました。

ルネサンス教皇の一人として知られるローマ教皇パウルス三世（在位一五三四〜四九）は、アレクサンドロスの生涯を描いた絵画でローマのサンタンジェロ城を飾り立て、片面に自身の肖像、もう片面にアレクサンドロスを刻した金のメダルを発行しています。「近代におけるアレクサンドロスの再来」と言われるフランスのナポレオンも、アレクサンドロスに傾倒し、彼を模倣しました。ナポレオンが一七九八年に始まるエジプト遠征に大規模な学者集団を随行させたのも、アレクサンドロスの先例にならってのことだったといいます。

こうした「アレクサンドロス模倣」は、現代においても様々な場面で見られます。第二次世界大戦期に至るまで、各国の陸軍士官学校ではアレクサンドロスの用兵術が教材となり、多くの軍人たちが彼の戦術をモデルとして戦いました。かのオーレル・スタインや、イギリスのアレクサンダー・バーンズのように、アレクサンドロスの遠征経路の踏査に情熱を傾け、彼の足跡をたどろうとする探検家やジャーナリストは、今日まで後を絶ちません。エジプトのアレクサンドリアでは、考古学者たちの多くの関心がアレクサンドロスの墓探しに向けられてきました。アレクサンドロスのリーダーシップや情報活用術を称賛し、彼をビジネスリーダーのモデルとする現代の帝王学や経営指南の書は、日本でも数多く出版されています。

ちなみに、アメリカのアトランティックシティにドナルド・トランプが設立したカジノホテル「トランプ・タージ・マハル」(二〇一六年閉鎖)では、最も広いスイートルームに「アレクサンダー大王」の名が冠されていました。これも、一種の「アレクサンドロス模倣」と言えるでしょう。

ギリシアのアレクサンドロス

一五世紀以降、ヨーロッパでは「アレクサンドロス・ロマンス」の影が次第に薄れていきましたが、オスマン帝国の支配下にあったギリシアでは、「アレクサンドロス・ロマンス」

の英雄としてのアレクサンドロスが人々の心をとらえ続けました。一七世紀末に「アレクサンドロス・ロマンス」の近代ギリシア語訳『フュラダ』が呼び売り本として出版されて長く流行し、人々はアレクサンドロスをギリシア正教の聖人、ギリシアの自由の闘士として思い描きました。こうした英雄としてのアレクサンドロスは、オスマン帝国の支配下に置かれたギリシア人に、昔の輝かしい栄光を思い起こさせたのです。

民衆の間では様々なアレクサンドロスの物語が語り継がれ、彼の妹である人魚ゴルゴーナの民話も広く流布しました。兄の死に絶望して海に身を投げたものの、生き延びて人魚になったゴルゴーナは(別伝では、アレクサンドロスによって人魚に変えられてしまったという)、エーゲ海を航行する船の船員に「アレクサンドロスは生きているか」と尋ねます。「死んだ」と答えると船は沈没させられ、「生きている」と答えれば無事に航行できた、といいます。大衆娯楽として親しまれたギリシアの影絵芝居カラギオジスにおいても、アレクサンドロスはたびたび登場し、とりわけ竜退治の伝説が人気を博しました。

一八世紀末、ギリシア独立戦争へ向けての動きのなかで、アレクサンドロスは民族のシンボルとして浮上します。ギリシアの独立運動を組織指導したギリシア人活動家リガス・フェレオスが一七九七年にウィーンで発行したビラには、アレクサンドロスの肖像が大きく描か

図34　アレクサンドロスの肖像を描いたリガス・フェレオスのビラ。1797年。アテネ、国立歴史博物館蔵

れていました（図34）。

そしてギリシアの独立後、ビザンツ帝国の版図を回復して大ギリシアを実現することをめざす「メガリ・イデア」がギリシアの外交政策の指針となるなかで、一八六〇～七〇年代に歴史家コンスタンディノス・パパリゴプロスが著した『ギリシア民族の歴史』において、アレクサンドロスは、ギリシア史の文脈に「ギリシア人」として明確に位置づけられました。パパリゴプロスは、「ギリシア人」であるアレクサンドロスを媒介として、古代から近代に至るまでのギリシア民族の連続性を説いたのです。これによって、アレクサンドロスは近代ギリシアのアイデンティティのシンボルとなり、ギリシア人の民族的英雄として定着していくことになりました。

それ以降現在に至るまで、アレクサンドロスは誇るべき英雄としてギリシア人の心のなかに強く生き続けています。一九九一年にマケドニア共和国が独立して以来の同国との争いのなかで、アレクサンドロスを民族的英雄と仰ぐこうしたギリシア人の国民感情は、ますます過熱しています（二〇六頁のコラム3参照）。

このような民族のアイデンティティのシンボルとしてのアレクサンドロスの利用は、前述の第二次ソフィスト運動期のローマやササン朝においても見られますが、これはまさに、アレクサンドロスのイメージが、後世の人々にとって常に都合のよい形で継承されうる柔軟性を持っていたからです。アレクサンドロスは私たちの思う姿で立ち現れ、その時々の時代背景のなかで、英雄にも聖人にも悪魔にもなりました。そうしたイメージの柔軟性ゆえ、後世の人々は常にその信条や夢、理想、世界観を自分たちに都合のよい形でアレクサンドロスに投影し、歴史的には彼と無縁の地域の人々でさえも、自らの権威やアイデンティティのシンボルとしてアレクサンドロスを利用することができたのです。

そしてまた、こうしたシンボルとしてのアレクサンドロスは、そのイメージを育《はぐく》み、操作した人々の信条や理想を映し出す「鏡」の役割も果たします。人々はなぜ、アレクサンドロスのイメージを受容し、操作したのか。人々は彼にどのような象徴性を見出《みいだ》したのか。アレクサンドロスのイメージを追うことによって、それを探ることができます。その千変万化のイメージからアレクサンドロス自身の「史実」を抽出するのは極めて困難ですが、彼のイメージの変容は、それを語り継ぎ、育んでいった人々についての確かな「史実」を教えてくれるのです。

コラム3　マケドニア問題――「アレクサンドロス」の争奪

「マケドニア問題」は、一九九一年のマケドニア共和国の独立以来、バルカンにおける国際紛争の焦点の一つとなっています。

「マケドニア問題」は、もともとは、マケドニア地方の領有をめぐってバルカン諸国の間で一九世紀後半以来繰り広げられてきた民族闘争をさします。そもそも「マケドニア」は、古代から現代に至るまで、明確な境界線のない地理概念です。ローマ帝国、ビザンツ帝国、中世ブルガリア帝国、オスマン帝国の支配下において、為政者の思惑によってその境界は絶えず変動し、マケドニアという名称には時代により常に異なる領域が重ねられてきました。近代のマケドニアは多民族の混住する世界となり、一九世紀後半以降、ギリシア、セルビア、ブルガリアの間で、マケドニアの獲得をめぐる激しい武力抗争が繰り広げられました。

その後、二度のバルカン戦争（一九一二〜一三年）を経て、マケドニアはギリシア、セルビア、ブルガリアの三国で分割されますが、マケドニアの領有問題は、第二次世界大戦後もユーゴスラヴィア、ブルガリア、アルバニア、ギリシアの間の紛争の火種であり続けました。そして、ユーゴスラヴィアの分裂にともなって一九九一年にマケドニア共和国が独立を宣言して以降、「マケドニア問題」は、同国とギリシアの熾烈な争いの焦点として浮上してきたのです。

マケドニア共和国の独立後、同国の領土拡張の野心を警戒するギリシアは、「マケドニア」の名称はギリシアに固有のものであるとして、直ちに国名の変更を要求しました。一九九三年にマケドニア共和国は「マケドニア旧ユーゴスラヴィア共和国（FYROM）」という暫定《ざんてい》名称で国連に加盟しますが、古代マケドニアの栄光は自分たちのものである、とするギリシア人の強い国民感情を背景に、ギリシアはマケドニア共和国が「マケドニア」を名乗ることに対して強硬な反対姿勢を貫き、両国の緊張関係が続きました。

そうしたなかで、ギリシアとマケドニア共和国の双方ともアレクサンドロスを自国のシンボルとして掲げ、彼を激しく奪い合うようになります。この時期、ギリシアの貨幣や切手には、アレクサンドロスの肖像が盛んに用いられました。両国それぞれを支持して世界各地で行われたデモでは、アレクサンドロスに扮《ふん》した人物が人々を先導する光景もしばしば見られました。

こうした「アレクサンドロス」の争奪戦は、二一世紀になって、様々なレベルでますますエスカレートしています。ギリシアでは、二〇〇二年、エーゲ海に面したギリシア北部の山の斜面に高さ七六メートルもの巨大なアレクサンドロスの胸像を彫刻するというプロジェクトが立ちあがりました。アメリカのラシュモア山の山肌に彫られた大統領の胸像を思い起こさせる、この壮大なプロジェクトは、結局頓挫《とんざ》したものの、大きな反響を呼びました。

二〇〇六年一二月には、マケドニア共和国が首都スコピエの空港を「スコピエ・アレクサンドロス大王空港」と改称し、これは、すでに一九九二年にカヴァラ空港を「カヴァラ・アレクサンドロス大王空港」と改称していたギリシアとの新たな衝突を生みました。

二〇〇八年四月にマケドニア共和国のNATO加盟がギリシアの強硬な反対によって否決されると、マケドニア共和国の反ギリシア世論が激化します。そうしたなかで、同年七月、マケドニア共和国はアレクサンドロスの直系の子孫と称するパキスタンのフンザの使節団を国賓《こくひん》として招き、翌年一月には、国内を南北に走る幹線高速道路を「マケドニアのアレクサンドロス道路」と改称しました。

　さらに二〇一一年六月には、マケドニア共和国の首都整備計画「スコピエ２０１４」の要《かなめ》として、スコピエ中心部のマケドニア広場に、高さ二四メートルもの巨大なアレクサンドロスの騎馬像が設置されました（図35）。数百万ユーロの巨費を投じたと報じられる、まさにマケドニア共和国の国威をかけた大事業であり、直ちにギリシアから強い抗議を受けました。

図35　スコピエのマケドニア広場のアレクサンドロス像

　国家や民族のアイデンティティの強力なシンボルとして「アレクサンドロス」を奪い合うこうした両国の行動は、アレクサンドロスの後継武将たちが自己の権力の正統性を打ち立てるために彼との絆を盛んに喧伝して競い合った後継者戦争の時代を思い起こさせます。

　そうした両国の熾烈な争いのなかで、二〇〇九年五月、二〇〇人にのぼる世界中の西洋古代史研究者がアメリカのオバマ大統領に宛《あ》てた公開書簡を発表したことも、大きな話題となりました。二〇〇四年にブッシュ前大統領がマケドニア共和国を公式に承認したことに強く抗議する彼らは、「マケドニア」はギリシアに固有の地名であること、アレクサンドロスは純粋なギリシア人であることを力説し、スラヴ人である現在のマケドニア共和国の人々が「マケドニア」を名乗るのは「歴史的真実の捏造《ねつぞう》」であり、「アレクサンドロスの盗用」に他ならない、と糾弾《きゅうだん》したのです。この公開書簡には、ギリシア人学者はもちろんのこと、欧米の錚々《そうそう》たる学者が数多く名を連ねており、「マケドニア問題」への歴史家の参戦として、少なからぬ反響を呼びました（この書簡に賛同・署名した学者は、三七〇人にまで増えました）。

その後、二〇一七年五月、マケドニア共和国でこの紛争の解決に積極的な立場をとるゾラン・ザエフ政権が成立したことで、事態は大きく進展します。翌二〇一八年、マケドニア共和国は空港や幹線高速道路の名称を再び変更するなどの歩み寄りの姿勢を見せ、両国の首相会談や外相会談を経て、六月に、マケドニア共和国の国名変更についての両国の合意が成立しました。マケドニア共和国の政情の混乱のため難航したものの、二〇一九年一月、同国は正式に「北マケドニア共和国」に国名を変更し、こうして、三〇年近くに及んだ国名論争には、一応の終止符が打たれたのです。

歴史研究のなかのアレクサンドロス――ドロイゼンとターン

一九世紀に近代歴史学が確立すると、アレクサンドロスは、歴史研究においても大きな関心の的となります。

近代歴史学においてアレクサンドロス研究の礎《いしずえ》を築いたのは、一九世紀のプロイセンの歴史家J・G・ドロイゼン（一八〇八〜八四）であると言われます。ただし、ドロイゼン以前の一八世紀においても、すでに数々の重要なアレクサンドロス研究が現れています。とりわけ、フランスの歴史家ギヨーム・ド・サントクロワ（一七四六〜一八〇九）の研究は、一九世紀に開花する厳密な史料批判に基づくアレクサンドロス研究の先駆《せんく》と言えます。

第1章で触れたように、一九世紀にローマ時代の作品の原典研究が進むと、アリアノスの作品が最も信憑性《しんぴょうせい》の高い「正史」とされ、プルタルコスの作品とともにアレクサンドロス研究の中心に据《す》えられるようになりました。アレクサンドロスを「英雄」として描いたアリアノスとプルタルコスの作品に立脚する歴史研究は、必然的に彼を英雄視することになります。とりわけ、軍事面の記述が詳しいアリアノスの作品が、アレクサンドロスの東方遠征を再構築するための無二の史料として重視されましたが、アレクサンドロス像そのものの形成に多大な影響を与えたのは、むしろプルタルコスの作品です。プルタルコスが描き出した「哲人王」「文明化の使徒」「全世界の諸民族の統一者」というアレクサンドロス像が、強固に定着していくことになるのです。

ドロイゼンは、アレクサンドロス以降の三〇〇年間を「ヘレニズム時代」と名付け、東西文明の融合によって新しい世界文明が生まれた時代ととらえたことで知られます（二一四頁のコラム4参照）。彼は一八三〇年代から、「すぐれたギリシア文明を東方に広めて東西民族の融合を図った英雄」、「諸民族を統一して世界帝国を打ち立てた軍事的天才」というアレクサンドロス像を提唱しました。アレクサンドロスがすぐれたギリシア文明をアジアに広めたという見方は、ドロイゼンの師であるヘーゲルの『歴史哲学講義』にも見られますが、こうした「文明化の使徒」「諸民族の統一者」としてのアレクサンドロス像は、まさに、プルタルコスが『アレクサンドロスの運または徳について』で描いたアレクサンドロスです。ドイツ統一が重要な政治課題だったこの時代、アレクサンドロスの壮大な覇業は諸民族の統一を実現した偉業として称えられ、さらに、野蛮な東方を文明化する使徒としてのアレクサンドロスは、西欧の帝国主義列強による植民地支配を正当化するための格好のシンボルとなったのです。こうした、時代の要請に呼応して生まれ、強い政治性を帯びたアレクサンドロス像は、以後の歴史研究に絶大な影響を及ぼすことになります。

二〇世紀に入ると、イギリスの歴史家W・W・ターン（一八六九〜一九五七）によって、さらに理想主義的なアレクサンドロス像が出現します。一九二〇年代から一九三〇年代にかけて、ターンは、史料に現れるアレクサンドロスの飲酒癖、同性愛嗜好《しこう》や愛人関係、激《げき》しやすく残虐な性格などを全て否定し、禁欲的で非の打ち所のない聖人君子としてのアレクサンドロス像を提示しました。彼のアレクサンドロス像は、ドロイゼン以上にプルタルコス的な、まさに『アレクサンドロスの運または徳について』における「哲人王」そのままのアレクサンドロスです。ターンは、万人に先駆けて民族的差別を乗り越え、全人類が同胞であることを宣言した人物として、アレクサンドロスをイエス・キリストの先駆者にまで祀りあげ、以後の研究に決定的な影響を与えました。国際協調の気運が高揚した第一次世界大戦後の戦間期において、アレクサンドロスはドロイゼン流の帝国主義的な色合いを薄め、国際協調や恒久平和を体現する理想的な紳士へと衣替えしたのです。

このように、プルタルコスの描いた「哲人王」「文明化の使徒」「全世界の諸民族の統一者」というアレクサンドロス像がドロイゼンとターンの手によって現代によみがえり、歴史研究に多大な影響を及ぼすことになったのです。

そしてまた、こうしたアレクサンドロス像は、歴史家自身のアイデンティティや信条の表明でもあります。プロイセンによるドイツ統一という現実的な政治課題に取り組む政治家だったドロイゼンは、東西融合をめざす統一者というアレクサンドロス像を提示し、他方、富裕な名望家の家系に生まれ、貴族的な学究生活を続けたターンは、大英帝国のブルジョワ知識人として、「古き良き時代」のヨーロッパを体現するヴィクトリア朝的紳士のようなアレクサンドロス像を打ち出しました。プルタルコスが自らのアイデンティティの拠り所にふさわしいアレクサンドロスを創出したように、ドロイゼンもターンも、自らのアイデンティティやイデオロギーにふさわしい、独自のアレクサンドロス像を造型したのです。

コラム4　「ヘレニズム」とアレクサンドロス

アレクサンドロスの征服によって新たに歴史的現実となった広大な世界に「ヘレニズム」の名を冠したのは、一九世紀のプロイセンの歴史家ドロイゼンです。ギリシア語の hellenismos を語源とする「ヘレニズム」という語は、もともとは「ギリシア風文化」「ギリシア的伝統」を意味し、西洋文化の源流をなす精神的伝統として、「ヘブライズム（ユダヤ教・キリスト教文化)」と対置して用いられていました。ドロイゼンはこの語を時代概念として用いることを提唱し、以後、アレクサンドロス以降の約三〇〇年の社会や文化をさす時代用語として定着したのです。

それまで、アレクサンドロス以降の時代は古典期(前五〜前四世紀)と比べて消極的に評価されていましたが、ドロイゼンは「アレクサンドロスの名は、一つの世界史的時代の終わりと、新しい時代の始まりを表している」と述べ、アレクサンドロスの東方遠征に始まる時代の意義を強調しました。彼はこの時代に、ギリシア文明とオリエント文明の融合・混淆《こんこう》により新たな文明が生まれ、のちにキリスト教を生み出す素地がつくられた時代としての大きな歴史的意味を付与したのです。

「ヘレニズム」とは、東西文明の融合によって生まれた新しい世界文明をさす概念である、という理解は日本ではいまだ根強く見られますが、これはドロイゼンの解釈に根ざすものであり、こうした見方は、欧米の学界の主流とはもはや一致しません。この数十年、欧米におけるヘレニズム史研究は活況を呈《てい》しており、ポストコロニアルの思潮のなかで、オリエントの側からギリシア文化をとらえなおそうとする視座の転換にともなって、ドロイゼン以来のヘレニズム時代像の根本的な見直しが進んでいます。ギリシア文化のオリエントへの拡大をこの時代の趨勢《すうせい》と見るという大方の了解は依然としてあるものの、ヘレニズムを、オリエント世界に「伝播」したギリシア文化ではなく、オリエント世界に「受容」されたギリシア文化としてとらえ、オリエントの主体性を重視する見方が強まっています。

ヘレニズム時代をどうとらえるかという問題は、そのヘレニズム時代を開いたとされるアレクサンドロスをどうとらえるかという問題と連動しています。オリエントの人々にとってヘレニズムとは何だったのかが盛んに問われるようになったのと同様に、ポストコロニアルの視座からアレクサンドロスの東方遠征をとらえる必要性が強調されるようになっています。征服されたオリエントの人々にとって、アレクサンドロスとは何だったのか。アレクサンドロスはどのように受けとめられたのか。近年は、こうした視点から、これまであまり目を向けられることのなかった楔形《くさびがた》文字やヒエログリフなどで記された同時代の現地語史料を用いて、アレクサンドロスの遠征の再構築に取り組む歴史家も増えています。しかしながら、そうした史料がもたらす情報はあまりに断片的すぎて、依然として、ギリシア・ローマ側の視点から書かれたローマ時代の作品を主軸にせざるをえないのが現状です。アレクサンドロスを取り巻くローマ的なオリエンタリズムからの脱却は、やはり至難の業なのです。

新しいアレクサンドロス像

崇高な理想の実現に邁進《まいしん》する英雄というアレクサンドロス像は、歴史研究において、長年にわたって絶大な力を持っていましたが、第二次世界大戦の惨烈《さんれつ》な経験を経て、それまでとは異なる、新しいアレクサンドロス像が現れました。ファシズムの台頭による「独裁者」の出現は、アレクサンドロス研究に大きな転換をもたらすことになったのです。

第三帝国時代、ナチスの理論的な協力者となり、ナチスの国策に沿った歴史解釈を打ち出したオーストリアの歴史家F・シャハーマイアー（一八九五～一九八七）は、世界帝国の建設を推進するアレクサンドロスを高く評価しましたが、戦後の苦渋《くじゅう》に満ちた自己批判のなかでアレクサンドロス像の見直しを試み、ヒトラーになぞらえたかのような、権力悪を体現する超人・怪物としてのアレクサンドロスを描き出しています。

さらに根本的なアレクサンドロス像の見直しは、同じく「ヒトラー体験」を経た歴史家E・ベイディアン（一九二五～二〇一一）によって成し遂げられました。ウィーン生まれのユダヤ人である彼の「ヒトラー体験」は、シャハーマイアーとは異なり、「被害者」としてのそれです。

ベイディアンは、徹底した史料批判に基づいて、ドロイゼンとターンの手で強固に定着した英雄的なアレクサンドロス像を根底から覆すことを試みました。「ターンのアレクサンドロスほどアレクサンドロスの現実から遠いものはない」と批判する彼は、アレクサンドロスの行動や政策を彼が置かれたその時々の状況のなかで個別に細かく検証することによって、アレクサンドロスから高邁《こうまい》な理念や目的をはぎとる道を開いたのです。ベイディアンは、アレクサンドロス研究に革命を巻き起こした歴史家と評されています。

アレクサンドロスの事績をミクロな目で実証的に分析するこうした研究手法は、「ミニマリズム（最小限評価主義）」と呼ばれ、一九七〇年代以降のアレクサンドロス研究の主流を占めています。そうした潮流のなかで、かつてドロイゼンやターンが自説の根拠とした、ロクサネとの結婚、スーサでの集団結婚式、軍隊へのアジア人の編入、オピスの和解などの事例は、いずれも東西民族の融合や人類同胞という理念とは無縁であり、その時々の課題に対応した現実的で合理的な政策にすぎなかったことが論証されました。同時に、陰謀をめぐらし、自身の栄光に固執《こしゅう》しつつも権力ゆえの孤独に苦悩する、極めて人間的なアレクサンドロス像も浮かびあがってきました。こうしてアレクサンドロスの脱神話化・脱英雄化が進み、英雄でも超人でも怪物でもない、現実的な政略家としての、いわば等身大のアレクサンドロスが、ようやく姿を現したのです。こうした潮流は、独裁者の出現を警戒し、英雄的な指導者のカリスマ性を忌避する、戦後の大衆民主主義の時代背景に相応するものとも言われています。さらに一九八〇年代以降のポストコロニアリズムの影響を受け、野蛮な東方に文明の恩恵をもたらす「文明化の使徒」としてのアレクサンドロス像は、急速に力を失っています。

とりわけ最近は、アレクサンドロスを否定的に評価する研究も目立つようになっています。その征服戦争における残虐非道ぶりがことさら強調されるのみならず、新たな帝国の統治システムの整備を疎《おろそ》かにして次なる遠征計画に没頭したこと、結婚が遅く世継ぎを残さなかったために死後に後継者戦争という大きな混乱を招いたこと、そして、尽きることのない征服欲に駆られてマケドニアのマンパワーを枯渇《こかつ》させ、マケドニア本国を荒廃させてしまったことが、王としての最大の過ちであると非難されています。その早すぎる死も、戦闘での無謀な行動による度重なる戦傷や彼自身の不摂生といった、王としての無責任さに帰せられています。

こうしたアレクサンドロスの評価の下落は、近年のフィリポス研究のめざましい興隆と連動するものと見ることもできます。最近は、果てしない征服戦争でマケドニアを犠牲にしたアレクサンドロスよりも、マケドニアを躍進させたフィリポスの方がはるかに偉大であり、

「大王」の添え名はフィリポスにこそふさわしい、といった論調の研究も増えています。かつてプルタルコスが逆転させた父子の序列は、一九〇〇年近い時を経て、再び逆転しつつあると言えるでしょう。もとより、王としての出発点も与えられた条件も全く異なるこの二人を同じ土俵で比べることは、学問的にはあまり意味がありませんが、この父子の「相剋《そうこく》」が現代の歴史研究のなかで再燃しているのは、実に興味深く思えます。

他方、小説や映画などのポピュラーカルチャーにおいては、理想に向けて邁進する英雄というアレクサンドロス像が、現在も圧倒的な力を持っています。メアリ・ルノーのアレクサンドロス三部作（一九六九～七五年）やヴァレリオ・M・マンフレディの『アレクサンドロス大戦記』（一九九八年）といった世界的なロングセラー小説は、そうした輝かしい英雄の物語です。イギリスのヘヴィメタルバンドのアイアン・メイデンによる楽曲『アレクサンダー大王』（一九八六年）は、アレクサンドロスの英雄的な生涯を高らかに歌いあげています。アメリカのポップアートの旗手アンディ・ウォーホルのシルクスクリーン作品『アレクサンダー大王』（一九八二年）も、彼の英雄的な肖像を描き出しています。

一九五六年に公開されたロバート・ロッセン監督の映画『アレキサンダー大王』でリチャード・バートンが演じたアレクサンドロスが、まさしくターンの唱えたような、東西融合・

人類同胞という理想に向かって邁進する堂々たる英雄だったのは当然としても、それから半世紀を経た二〇〇四年に公開されたオリバー・ストーン監督の『アレキサンダー』（日本公開は二〇〇五年）においても、ミニマリズム的な要素が多少は見られるものの、コリン・ファレルが演じるアレクサンドロスは、相変わらず、東西民族を融合して世界を一つにするという理想を熱っぽく語っています。

日本でも、阿刀田高《あとうだたかし》の歴史小説『獅子王《ししおう》アレクサンドロス』（一九九七年）において、英雄的なアレクサンドロスは健在です。荒俣宏《あらまたひろし》の『幻想皇帝　アレクサンドロス戦記』（一九九六〜九七年）は、宣教師ルイス・フロイスが織田信長にアレクサンドロスの英雄物語を語り聞かせるという設定の歴史小説で、一九九九年に放送された日韓合作アニメ『アレクサンダー戦記』は、この小説をSF的なファンタジーとして翻案した作品です。

これらもまた、現代における一種の「アレクサンドロス・ロマンス」なのかもしれません。

歴史は解釈である、としばしば言われるように、歴史家は自らの生きる時代の信条や価値観を過去に投影し、現在の立場姿勢から過去を解釈します。歴史像は時代とともに常に変化し、歴史家それぞれの立場姿勢によってめまぐるしい変容を遂げます。一九世紀から二〇世紀にかけての歴史家たちが構築したアレクサンドロス像の変遷は、その絶好の例と言えるでしょう。「アレクサンドロス研究者の数だけアレクサンドロス像が存在する」というドイツの歴史家U・ヴィルケンの言葉は、まさしく至言です。統一的なアレクサンドロス像はいつの時代にも存在しませんでしたし、これからも存在しないでしょうし、存在するべきでもないのです。

そしてまた、それは決して、歴史研究に限ったことではありません。つまるところ、アレクサンドロスを様々な美徳・悪徳の範例として想起したローマの文人も、アレクサンドロスを模倣した権力者も、ドロイゼンやターンも、そして現代の小説家や映画監督も、皆同じように、アレクサンドロスに自らの信条や価値観を投影して彼を自在に解釈し、独自の「アレクサンドロス」を創造したのです。

こうして現在に至るまで、アレクサンドロスをめぐる言説は、時代の要請に応えながら、様々なコンテクストで無限に再生され、政治、文学、芸術、歴史研究、ポピュラーカルチャーなどのあらゆる領域において、彼は強力なシンボルやパラダイムとなっています。死後二三〇〇年以上にわたって強靭《きょうじん》な生命力を持って生き続けているアレクサンドロスは、生前においてよりむしろ死後において圧倒的な輝きを放つ、世界史上稀有《けう》な存在と言えるでしょう。

コラム5 「もしアレクサンドロスが……」

歴史に「もし」は禁句だと言われますが、二〇世紀を代表する歴史家の一人A・トインビーには、「もしアレクサンドロス大王が生きながらえていたら」と題する、実に興味深いエッセイがあります。この有名なエッセイのなかで、トインビーは、もしアレクサンドロスが前三二三年に急死せず、前二八七年まで生きて天寿を全うしたとしたら、という仮定のもと、空想の翼を広げています。

バビロンで熱病から回復したアレクサンドロスは、西方へ遠征し、シチリアやイタリア、カルタゴを制圧して「ヘラクレスの柱」(ジブラルタル海峡)まで軍を進め、さらに、アフリカ大陸周航の艦隊を派遣する。そして再び東方に遠征し、今度はインドを越えて、はるか中国にまで到達する。こうしてアレクサンドロスは世界の統一を果たし、彼のもとで、歴史家ターンが提唱した、全人類が同胞であるとするうるわしい理念が実現したような「世界帝国」が生まれる――トインビーの機智《きち》に富んだ想像力はとどまるところを知らず、アレクサンドロスの死後も、彼の直系の子孫による支配下で世界の一体化が進み、科学技術が長足の進歩を遂げ、そして現代においてもアレクサンドロス八六世のもとで人々は繁栄を謳歌《おうか》している、という壮大な夢物語を紡いでいます。

このトインビーのエッセイに触発されたアメリカの歴史家J・オウバーは、逆に、もし緒戦となった前三三四年のグラニコス河畔《かはん》の戦いで側近クレイトスの加勢が間に合わず、アレクサンドロスが戦死を遂げていたとしたら、という仮定のもとに空想をめぐらしていきます。

始まったばかりの東方遠征はすぐさま幕を閉じ、ギリシア世界におけるマケドニアの覇権もたちまち崩れ去り、その後、アカイメネス朝ペルシアはローマと協力しながら、長く繁栄を享受《きょうじゅ》する。ヘレニズム世界は生まれず、ギリシア文化は忘れ去られ、ユダヤ教もキリスト教もローカルな宗教にとどまり、その後の西洋文明は幻で終わる——オウバーの空想の翼も、とめどもなく広がっていきます。

こうした空想も、現代の歴史家たちによる「アレクサンドロス・ロマンス」と言えるかもしれません。

もしアレクサンドロスがヒュファシス河畔で引き返していなかったら。もしアレクサンドロスがせめてあと一〇年生きていたら。トインビーやオウバーに限らず、古今東西の多くの歴史家たちがそうした空想の虜《とりこ》になっています。アレクサンドロスがその短い生涯で成し遂げた空前の大征服は、いつの世も、人々の想像力を刺激してやまないのでしょう。

A. Toynbee, 'If Alexander the Great had Lived on', in: *Some Problems of Greek History*, Oxford 1969, pp. 441-486.

J. Ober, 'Conquest Denied: The Premature Death of Alexander the Great', in: *What If? The World's Foremost Military Historians Imagine What Might Have Been* (R. Cowley ed.), New York 1999, pp. 37–56.

あとがき

「英雄」には、常に伝説が付きまといます。そうした伝説をはぎとってその「実像」に迫ることが歴史家の仕事です。しかしアレクサンドロスの場合、その伝説があまりに巨大すぎて、「実像」に迫るのは至難の業《わざ》です。二〇一四年に没したアレクサンドロス研究の第一人者A・B・ボズワースは、かつて「アレクサンドロスの伝記を書くことは不可能である」と述べました。アレクサンドロス研究の難しさ、奥深さを端的に示した言葉です。神話と伝説に包まれ、イメージが果てしなく増幅したアレクサンドロスの研究は、まさに、底なし沼のような世界なのです。

二〇一三年に小著『アレクサンドロス大王――今に生きつづける「偉大なる王」』（山川世界史リブレット人）を上梓《じょうし》して以降も、欧米のアレクサンドロス研究は大きく動いています。アレクサンドロスの東方遠征における種々の出来事をローマ時代の創作と見なす傾向が強まってきたのは、その最たるものです。本書では、そうした最近の動向を踏まえ、現時点での私なりの「アレクサンドロス」を描いてみました。本書は「かもしれません」といった控え目な表現が多く、読者の皆さんには歯切れが悪いという印象を与えることと思いますが、こう書かざるをえないのが、まさにアレクサンドロス研究の現状なのです。

それにしても、本書の最終章で見たように、アレクサンドロスの死後の強靭《きょうじん》な生命力には驚くべきものがあります。アレクサンドロスは現在に至るまで一度たりとも忘れ去られたことはなく、彼の物語は世界各地で絶えることなく語り継がれてきました。死後二千数百年経た今も威光を放ち、人々を魅了してやまないアレクサンドロスは、まさしく、「よみがえる天才」と言えるでしょう。

本書の執筆にあたっては、原稿に丁寧に目を通して下さった帝京大学の森谷公俊さんから貴重なご意見をいただきました。厚く御礼申し上げます。最後になりましたが、筑摩書房の伊藤大五郎さんと方便凌さんには、本書刊行まで多大なお世話をいただきました。心より感謝の意を表します。

二〇二〇年八月

澤田典子

アレクサンドロス年表

西暦	齢	主な事項
前三六〇／五九		父フィリポス二世が即位
三五七		父フィリポスと母オリュンピアスが結婚
三五六	○	七月、アレクサンドロス誕生
三四三	一三	アリストテレスによる教育（前三四〇年まで）
三四〇	一六	父の遠征中にマケドニアの国事をあずかる。マイドイ人の反乱を鎮圧し、アレクサンドロポリスを建設
三三八	一八	夏、カイロネイアの会戦でマケドニア軍が勝利。アレクサンドロスは左翼騎兵を指揮
三三七	一九	フィリポスがコリントス同盟を結成し、ペルシアへの遠征を決議。アレクサンドロスとオリュンピアスがマケドニアを出奔《しゅっぽん》
三三六	二〇	先発部隊が小アジアに侵攻。フィリポスの暗殺。アレクサンドロスが即位。ペルシアでダレイオス三世が即位

三三五	二一	トラキアとイリュリアの反乱を鎮圧。離反したテーベを徹底破壊。コリントス同盟会議で翌年春の東方遠征出発を決定
三三四	二二	春、東方遠征に出発。トロイを訪れる。五月、グラニコス河畔《かはん》の戦いで勝利。サルデイスを占領。夏～秋、エーゲ海沿岸のギリシア人都市を制圧
三三三	二三	春、ゴルディオンを占領。夏、タルソスで二カ月病に臥《ふ》す。秋、イッソスの会戦でダレイオスに勝利。冬、フェニキア諸都市を制圧
三三二	二四	夏、テュロスを七カ月の攻囲戦でくだす。秋、ガザを二カ月の攻囲戦でくだす。初冬、エジプトを無血占領
三三一	二五	冬、ナイル河口でアレクサンドリアの建設に着手。二月、リビア砂漠のアモン神殿を訪れる。一〇月、ガウガメラの会戦でダレイオスに勝利。バビロンに入城。一二月、スーサを占領
三三〇	二六	一月、ペルセポリスを占領。五月、ペルセポリスの宮殿を焼き払う。ダレイオスを追撃。夏、ベッソスらがダレイオスを殺害。コリントス同盟軍の動員を解除。ペルシアの装束や儀礼を採用。秋、側近フィロタスを処刑。パルメニオンを謀殺
三二九	二七	春、バクトリア地方に侵攻。夏、オクソス川を渡り、ベッソスを捕ら

三二八	二八	える。「最果てのアレクサンドリア」を建設。ソグディアナ地方の平定戦（前三二七年春まで） 秋、側近クレイトスを饗宴《きょうえん》で刺殺
三二七	二九	春、ロクサネと結婚。跪拝礼《きはいれい》の導入に失敗。近習《きんじゅ》がアレクサンドロスの暗殺を企てる。カリステネスを逮捕。初夏、インドへ向けて進発。 秋、スワート地方の平定戦（前三二六年春まで）
三二六	三〇	春、アオルノス砦《とりで》を攻略。インダス川を渡り、タクシラに入る。五月、ヒュダスペス河畔の戦いでポロス王に勝利。七月、ヒュファシス河畔で反転。一一月、インダス川の南下を開始
三二五	三一	マッロイ人との戦闘で瀕死《ひんし》の重傷。夏、パタラに到着。秋、ゲドロシア砂漠を踏破《とうは》。私兵解散令を布告
三二四	三二	二月、スーサに帰還。総督たちの粛清。春、スーサで集団結婚式。夏、オピスの騒擾《そうじょう》事件。ギリシアに亡命者復帰王令を布告。秋、親友ヘファイスティオンが急死
三二三		春、アラビア半島周航遠征の準備に着手。六月、バビロンで死去。夏、アリダイオス（フィリポス三世）とアレクサンドロス四世が即位。後継者戦争の開始（前二七七年頃まで）

主要参考文献

Anson, E. M., *Alexander the Great : Themes and Issues*, London 2013.

Badian, E., *Collected Papers on Alexander the Great*, London 2012.

Borza, E. N., *In the Shadow of Olympus : The Emergence of Macedon*, Princeton 1990.

Bosman, P. ed., *Alexander in Africa*, *Acta Classica Supplementum* 5, Pretoria 2014.

Bosworth, A. B., *Conquest and Empire : The Reign of Alexander the Great*, Cambridge 1988.

Bosworth, A. B. & Baynham, E. J. eds., *Alexander the Great in Fact and Fiction*, Oxford 2000.

Briant, P., *From Cyrus to Alexander : A History of the Persian Empire*, Winona Lake 2002.

Briant, P., *The First European : A History of Alexander in the Age of Empire*, Cambridge MA 2017.

Carney, E. D., *King and Court in Ancient Macedonia : Rivalry, Treason and Conspiracy*, Swansea 2015.

Carney, E. & Ogden, D. eds., *Philip II and Alexander the Great : Father and Son, Lives and Afterlives*, Oxford 2010.

Cartledge, P., *Alexander the Great: The Hunt for a New Past*, London 2004.

Cary, G., *The Medieval Alexander*, Cambridge 1956.

Cohen, A., *Art in the Era of Alexander the Great: Paradigms of Manhood and Their Cultural Traditions*, Cambridge 2010.

Ellis, J. R., *Philip II and Macedonian Imperialism*, London 1976.

Engels, D. W., *Alexander the Great and the Logistics of the Macedonian Army*, Berkeley 1978.

Hammond, N. G. L., *Alexander the Great: King, Commander and Statesman*, London 1981.

Hammond, N. G. L., *The Genius of Alexander the Great*, Chapel Hill 1997.

Heckel, W., *The Marshals of Alexander's Empire*, London 1992.

Heckel, W., *In the Path of Conquest: Resistance to Alexander the Great*, Oxford 2020.

Heckel, W. & Tritle, L. A. eds., *Crossroads of History: The Age of Alexander*, Claremont 2003.

Heckel, W. & Tritle, L. A. eds., *Alexander the Great: A New History*, Chichester 2009.

Howe, T. & Pownall, F. eds., *Ancient Macedonians in the Greek and Roman Sources: From History to Historiography*, Swansea 2018.

Howe, T. & Reames, J. eds., *Macedonian Legacies: Studies in Ancient Macedonian History and Culture in Honor of Eugene N. Borza*, Claremont 2008.

Lane Fox, R. J. ed., *Brill's Companion to Ancient Macedon*, Leiden 2011.

Moore, K. R. ed., *Brill's Companion to the Reception of Alexander the Great*, Leiden 2018.
Mossé, C., *Alexander: Destiny and Myth*, Baltimore 2004.
Müller, S., *Die Argeaden: Geschichte Makedoniens bis zum Zeitalter Alexanders des Großen*, Paderborn 2016.
Nawotka, K. et al. eds., *The Historiography of Alexander the Great*, Wiesbaden 2018.
Peltonen, J., *Alexander the Great in the Roman Empire, 150 BC to AD 600*, London 2019.
Roisman, J. ed., *Brill's Companion to Alexander the Great*, Leiden 2003.
Roisman, J. & Worthington, I. eds., *A Companion to Ancient Macedonia*, Chichester 2010.
Ross, D. J. A., *Studies in the Alexander Romance*, London 1985.
Spencer, D., *The Roman Alexander: Reading a Cultural Myth*, Exeter 2002.
Stewart, A., *Faces of Power: Alexander's Image and Hellenistic Politics*, Berkeley 1993.
Stock, M. ed., *Alexander the Great in the Middle Ages: Transcultural Perspectives*, Toronto 2016.
Stoneman, R., *Alexander the Great, A Life in Legend*, New Haven 2008.
Stoneman, R. et al. eds., *The Alexander Romance in Persia and the East*, Groningen 2012.
Tarn, W. W., *Alexander the Great*, 2 vols, Cambridge 1948.
Wheatley, P. & Baynham, E. eds., *East and West in the World Empire of Alexander*, Oxford 2015.
Wheatley, P. & Hannah, R. eds., *Alexander and His Successors: Essays from the Antipodes*,

Claremont 2009.
Worthington, I., *Alexander the Great, Man and God*, Harlow 2004.
Worthington, I., *By the Spear: Philip II, Alexander the Great, and the Rise and Fall of the Macedonian Empire*, Oxford 2014.
Zuwiyya, Z. D. ed., *A Companion to Alexander Literature in the Middle Ages*, Leiden 2011.

大戸千之『ヘレニズムとオリエント――歴史のなかの文化変容』ミネルヴァ書房、一九九三年
大牟田章『アレクサンドロス大王――「世界」をめざした巨大な情念』清水書院、一九八四年
大牟田章訳註『フラウィオス・アッリアノス　アレクサンドロス東征記およびインド誌』本文篇・註釈篇、東海大学出版会、一九九六年
澤田典子『アテネ　最期の輝き』岩波書店、二〇〇八年
澤田典子『アレクサンドロス大王――今に生きつづける「偉大なる王」』山川出版社、二〇一三年
澤田典子「『英雄』アレクサンドロス――人物像に込められた同時代の思いと後世への影響」『英雄伝』の挑戦』（小池登・佐藤昇・木原志乃編）京都大学学術出版会、二〇一九年、六五―一〇一頁
澤田典子「『アレクサンドロス伝説』のひろがり」『アレクサンドロス大王物語』（伝カリステネス、橋本隆夫訳）ちくま学芸文庫、二〇二〇年、四八三―四九八頁

A・スタイン、谷口陸男・澤田和夫訳『アレクサンダーの道――ガンダーラ・スワート』白水社、一九八四年
P・ブリアン、田村孝訳『アレクサンドロス大王』白水社、二〇〇三年
H・ボーデン、佐藤昇訳『アレクサンドロス大王』刀水書房、二〇一九年
森谷公俊『アレクサンドロス大王――「世界征服者」の虚像と実像』講談社、二〇〇〇年
森谷公俊『アレクサンドロスの征服と神話』講談社、二〇〇七年
森谷公俊訳註『新訳アレクサンドロス大王伝――『プルタルコス英雄伝』より』河出書房新社、二〇一七年
山中由里子『アレクサンドロス変相――古代から中世イスラームへ』名古屋大学出版会、二〇〇九年

ちくまプリマー新書

349
伊藤若冲【よみがえる天才1】
辻惟雄

私は理解されるまでに1000年の時を待つ——江戸の鬼才が遺したこの言葉が秘める謎に、最新の研究と迫力のカラー図版で迫る、妖しくも美しい美術案内。

350
レオナルド・ダ・ヴィンチ【よみがえる天才2】
池上英洋

家族にも教育の機会にも恵まれず、コンプレックスだらけだった五〇〇年前の一人の青年が、なぜ名画を遺し、近代文明の夢を描く「天才」と呼ばれるに至ったか。

358
モーツァルト【よみがえる天才3】
岡田暁生

完璧なる優美、子どもの無垢、美の残酷と壊れたような狂気、楽しさと同居する寂しさ——モーツァルトとはいったい何者だったのか? 天才の真実を解き明かす。

288
ヨーロッパ文明の起源——聖書が伝える古代オリエントの世界
池上英洋

ヨーロッパ文明の草創期には何があり、人類はどのようにそれを築いていったか——。聖書や神話、遺跡などをてがかりに、「文明のはじまり」の姿を描き出す。

331
はじめてのギリシア神話
松村一男

世界の始まりを描いたギリシア神話はどんなふうに成立したか。二千年を経てもなお人々を魅了するストーリーやキャラクターを紹介し、その歴史的背景を探る。

ちくまプリマー新書

258 戦争とは何だろうか　西谷修

戦後70年が過ぎ戦争の記憶が薄れかけている今、実は戦争は近づいてきている。どのように国や国民は巻き込まれていくのだろう？　戦争とは何かを考える一冊。

116 ものがたり宗教史　浅野典夫

宗教は世界の歴史を彩る重要な要素のひとつ。異文化への誤解をなくし、国際社会の中での私たちの立ち位置を理解するために、主要な宗教のあらましを知っておこう。

174 西洋美術史入門　池上英洋

名画に隠された豊かなメッセージを読み解き、絵画鑑賞をもっと楽しもう。確かなメソッドに基づいた、新しい西洋美術史をこの一冊で網羅的に紹介する。

212 西洋美術史入門〈実践編〉　池上英洋

好評『西洋美術史入門』の続編。前作で紹介した、基本知識や鑑賞スキルに基き、エジプト美術から近現代の作品まで、さまざまな名作を実際に読み解く。

190 虹の西洋美術史　岡田温司

出現の不思議さや美しい姿から、古代より思想・科学・芸術・文学のテーマとなってきた虹。西洋美術でその虹がどのように捉えられ描かれてきたのかを読み解く。

ちくまプリマー新書

345
一枚の絵で学ぶ美術史
カラヴァッジョ《聖マタイの召命》
宮下規久朗
名画ながら謎の多い《聖マタイの召命》。この絵を様々な角度から丁寧に読み解いてみる。たった1枚の絵画からくめども尽きぬ豊かなメッセージを受け取る。

239
地図で読む「国際関係」入門
眞淳平
近年大きな転換期を迎えていると言われる国際関係。その歴史的背景や今後のテーマについて、地図をはじめ豊富な資料を使い読み解く。国際情勢が2時間でわかる。

162
世界の教科書でよむ〈宗教〉
藤原聖子
宗教というとニュースはテロや事件のことばかり。子どもたちは学校で他人の宗教とどう付き合うよう教えられているのか、欧米・アジア9か国の教科書をみてみよう。

184
イスラームから世界を見る
内藤正典
誤解や偏見とともに語られがちなイスラーム。その本当の姿をイスラーム世界の内側から解き明かす。イスラームの「いま」を知り、「これから」を考えるための一冊。

313
謎解き　聖書物語
長谷川修一
旧約聖書につづられた物語は史実なのか、それともフィクションなのか？　最新の考古学的研究をもとに謎に迫り、流れを一望。知識ゼロからわかる聖書入門の決定版。

ちくまプリマー新書

265
身体が語る人間の歴史
——人類学の冒険
片山一道
人間はなぜユニークなのか。なぜこれほど多様なのか。日本からポリネシアまで世界を巡る人類学者が、身体の歴史を読みとき、人間という不思議な存在の本質に迫る。

086
若い人に語る戦争と日本人
保阪正康
昭和は悲惨な戦争にあけくれた時代だった。本書は、戦争の本質やその内実をさぐりながら、私たち日本人の国民性を知り、歴史から学ぶことの必要性を問いかける。

282
歴史に「何を」学ぶのか
半藤一利
「いま」を考えるための歴史へのアプローチ！ 歴史探偵への目覚め、天皇退位問題の背景、アメリカの現在と過去……未来へ向けた歴史の学び方を語り尽くす。

314
歴史を知る楽しみ
——史料から日本史を読みなおす
家近良樹
歴史を学ぶことは昔の出来事を暗記することじゃない！教科書を飛び出し歴史学の世界へ。幕末史の第一人者が意外な史実満載で贈る、とっておき歴史の楽しみ方。

182
外国語をはじめる前に
黒田龍之助
何度チャレンジしても挫折してしまう外国語学習。その原因は語学をはじめる前の準備がたりなかったから。文法、発音から留学、仕事まで知っておきたい最初の一冊。

ちくまプリマー新書362

アレクサンドロス大王《だいおう》　よみがえる天才《てんさい》4

二〇二〇年十一月十日　初版第一刷発行

著者　澤田典子（さわだ・のりこ）

装幀　クラフト・エヴィング商會

発行者　喜入冬子

発行所　株式会社筑摩書房
東京都台東区蔵前二-五-三　〒一一一-八七五五
電話番号　〇三-五六八七-二六〇一（代表）

印刷・製本　株式会社精興社

ISBN978-4-480-68386-1 C0223 Printed in Japan